地域の課題解決へ
実践ICT

人手不足対策
生産性向上
技術継承への取り組み

テレコミュニケーション編集部 編
NTT東日本 経営企画部 広報室 監修

リックテレコム

注 意

1. 本書は万全を期して作成しておりますが、万一ご不審な点や誤り、記載漏れ等お気づきの点がありましたら、出版元まで書面にてご連絡ください。

2. 本書全般の記載内容は、2019 年 9 月現在において知りうる範囲の情報です。また、第 1 章〜第 10 章における組織名・所属・肩書き・取材内容などは、原則として各章本文の末尾に記載されたインタビュー時点の情報にもとづいています。本書に記載された情報の内容は、将来予告なしに変更される場合があります。

商標の扱い等について

1. 本書に記載されている「WinActor」はエヌ・ティ・ティ・アドバンステクノロジ株式会社の登録商標、「スマートプレート」は株式会社アクアビットスパイラルズの商標、「Sota」はヴイストン株式会社の商標です。

2. 上記のほか、本書に記載されている商品名、サービス名、会社名、団体名、およびそれらのロゴマークは、各社または各団体の商標または登録商標である場合があります。

3. 本書では原則として、本文中において ™ マーク、® マーク等の表示を省略させていただきました。

4. 本書の本文中では日本法人の会社名を表記する際に、原則として「株式会社」等を省略した略称を記載しています。

目次　Contents

第 1 章　登り窯の技術を伝える！ IoTで映像・データを蓄積し地域文化資源の保全に活用　　1

山梨　増穂登り窯

- 消えゆく伝統技術や文化資源の存続に向けて 3
- 独学と試行錯誤で伝統的な登り窯の技術を修得 4
- 登り窯での焼成を視覚化し"仮想"体験してもらう 6
- 温度と映像を組み合わせて配信しデータとして蓄積 9
- テレビ取材や海外からの問い合わせなど想定外の効果も 13
- 有形・無形の地域文化資源を保管し活用する仕組みづくり................ 15

インタビュー
- 増穂登り窯　代表　太田 治孝 氏 18

第 2 章　「一杯で旨い酒」を造る！ 杜氏が蔵を離れる時もIoTでもろみの品質を管理　　21

宮城　寒梅酒造

- 日本酒は年々、飲まれなくなっている 23
- 旨い酒造りでファンを増やすことが第一 25
- もろみの状態が気になり営業活動に集中できない 28
- IoTセンサー、IoTカメラを活用したもろみ管理の仕組み 31
- 実証実験はまだ続くが、すでに効果を実感 32
- 杜氏のノウハウを数値化し技術伝承が可能に 33
- 改善するポイントはまだまだある 35
- 小規模な蔵を支え日本酒造りを守る最良のツールに 36

インタビュー
- 合名会社 寒梅酒造　代表社員 製造責任者　岩﨑 健弥 氏 38

目次

第3章 在宅診療の時間を増やす！
音声テキスト化と RPA で
医療事務文書作成を効率化

41

神奈川 渋谷在宅クリニック

地域包括ケアシステムでカギを握る在宅医療の充実 43
在宅医が忙殺される医療事務文書の作成 45
情報連携基盤の構築は進んでいるが 47
訪問看護師、ヘルパー、ケアマネジャーとの情報連携にも課題 49
事務作業を効率化し医療品質の向上へ音声認識と RPA を導入 50
医療文書作成時間を大幅に短縮できる 51
ヘルパーや訪問看護師などにも活用を広げる 52
映像を活用したソリューションの検討も 53

インタビュー
渋谷在宅クリニック　院長　澁谷 恭子 氏 56

第4章 お客さまを待たせない！
店舗や施設の空きがひとめで分かる
IoT を導入

59

北海道 大丸札幌店

快適な「店舗体験」のためお客さまの感じる"不"を取り除く 61
店舗の周遊を快適にするため空席情報を提供 63
IoT や AI で状況を把握し、リアルタイムで情報を提供 66
「空いていること」を効果的に伝え施設回転率・売上とも向上 68
未来のスマート百貨店を思い描き「攻めの IT」を推進 69
空席情報を活用することで新しい価値を生み出す
（株式会社バカン　代表取締役　河野 剛進 氏） 72

インタビュー
株式会社 大丸松坂屋百貨店 大丸札幌店
営業推進部 店づくり担当スタッフ　佐藤 隆 氏 74

iv

目次

第 5 章 社内の情報連絡を密接に！
AI ロボットが従業員と対話
工場見学の説明にも活用

77

長野　マルコメ株式会社

信州味噌で業界をけん引するマルコメ 79
味噌の出荷量は年々減少 80
シフト勤務の従業員への情報の周知が課題 82
Sota を活用した実証実験を開始 84
社外活動に活用するオリジナルロボット「マルコメ君」 86
工場見学の案内や新商品の説明会で受け答え 87
スムーズなコンテンツ作成で情報周知にロボットを活用 89

インタビュー

マルコメ株式会社
　マーケティング本部 情報システム部　部長　長澤 仁 氏 92

第 6 章 少人数でもおもてなしを実現！
IoT でフロント業務を効率化
街の観光案内にも利用

95

千葉　HOSTEL Co-EDO

人気が高まる観光地の新たな課題とインバウンド対応 97
地域活性化と観光資源開発 古民家や蔵をホテル・店に改装 99
ICT 活用で人手不足を補い 快適なおもてなしを実現する 101
Wi-Fi と「スマートプレート」で必要な情報を必要な時に提供 103
どこからでも欲しい情報が入手できる「観光客にやさしい街」......... 107
取得したデータを分析・活用し
より魅力のある観光地を目指す 110

インタビュー

株式会社 NIPPONIA SAWARA　代表取締役　杉山 義幸 氏
HOSTEL Co-EDO
　宿泊マネージャー　兼株式会社ミスターヤナセ　代表取締役　柳瀬 健介 氏
　.. 112

v

目次

第7章 入力業務の負担を軽減する！
FAX で届く 400 件の伝票を
AI-OCR で読み取る　　115

東京　東日本板橋花き

花の国内消費の大半は個人用途 117
約 8 割の花きは卸売市場経由で流通 120
繁忙期には約 7000 行を入力 休憩がとれないことも 121
販売の主流は相対取引に 入荷情報を早く正確に公開する 123
入力作業の軽減、ミスを防ぐ手段として OCR の導入を検討 125
送り状の約 15％は AI-OCR で処理
作業時間が短縮されミスも減少 128
本当の効果が見えるのは 1 年後
社員全員が働きやすい職場をめざす 130

インタビュー

株式会社 東日本板橋花き
　　取締役 情報システム部 部長　内田 康宏 氏 132

第8章 定型業務を効率化したい！
RPA で職員の働き方を改革
住民サービスに有効活用　　135

福島　福島県会津美里町

人口 2 万人の自然豊かな町、会津美里町 137
住民サービスの向上、働き方改革を目的に RPA 導入を検討 139
RPA 活用にマッチする業務を選定 141
RPA は「WinActor」を採用 144
「感動しました」と言わずにいられないほどの導入効果 145
RPA 導入補助事業に採択 さらに活用範囲を広げる 147
AI-OCR と組み合わせた活用も検討していきたい 148

インタビュー

会津美里町 総務課 防災情報係　主査　猪俣 佑一 氏
会津美里町 出納室　係長　歌川 和仁 氏
会津美里町 総務課 総務係　金田 和美 氏
　　 150

目次

第9章 ICTを活用して授業を変える！
生きた学力を伸ばすためタブレット／電子黒板を導入
155

東京　板橋区教育委員会

- 授業の改善ではなく「革新」で生徒の生き抜く力をつちかう............ 157
- 黒板と電子黒板を使い分け生徒の好奇心を引き付ける 160
- タブレットで子どもたちが自発的に学び合う環境を実現................... 162
- 校務支援システムを先行導入し教員のICTへの期待感を醸成 165
- ハードの選定・導入は現場との調整がカギに 168

インタビュー

板橋区教育委員会　教育長　中川 修一 氏
板橋区教育支援センター　教育ICT推進係長　伊藤 誠一 氏
.... 170
東京都板橋区立赤塚第二中学校　主任教諭　森田 直実 氏 172

第10章 災害に備える街づくりを！
「り災証明書」の迅速な発行へ県内共通のシステムを導入
175

茨城　茨城県

- 生活再建の第一歩が「り災証明書」その迅速な発行 177
- 「鬼怒川洪水」の経験と「熊本地震」への応援活動を経て 178
- 「被災者生活再建支援業務」の4課題
  平時からのシステム運用を 182
- 県内43市町村に共通の「被災者生活再建支援システム」を導入..... 184
- いざという時に備え、システムを使いこなせる環境づくりへ........... 187

インタビュー

茨城県防災・危機管理部
　防災・危機管理課 主査　大関 裕之 氏 190

vii

目次

第11章 ICTとデータ活用が地方を変える
地域の活性化と雇用創出へ

193

野村総合研究所　梅屋 真一郎 氏　インタビュー

「地方創生」を取り巻く現状 195
地方創生と地域活性化に向けた取り組みと課題 197
データ活用で見えて来る地方の姿 199
ICT/IoT技術の進歩と地方の課題解決 204
具体的な取り組みと地域の課題解決への提言 206

第12章 デジタルで拓く地方創生
人手不足を契機に新たな戦略を策定しよう

213

早稲田大学教授　稲田 修一 氏　インタビュー

着実に進み始めた地域における取り組み 215
技術起点から顧客課題の解決へ 218
新しい価値創出こそがポイント 222
「未来からのバックキャスト」による価値創出法 224
データ活用によるビジネス革新 227

第1章

山梨

登り窯の技術を伝える！
IoTで映像・データを蓄積し
地域文化資源の保全に活用

増穂登り窯

陶芸の伝統技術を残すため
IoTで見える化とライブ配信

増穂登り窯

　日本の伝統工芸である「陶芸」。焼成法の1つである「登り窯」は日本各地で古くから使われ、いわば伝統技術の集大成とも言える。しかし、その多くが属人的な職人の勘や熟練の技に委ねられ、窯が廃れればともに技術も消えゆく運命にある。そうなる前に「伝統の技」をデータ化し、後世への伝承に活用できないものだろうか。その課題感のもと、山梨県の増穂登り窯で行われたIoT活用による「登り窯焼成公開実証実験」の取り組みが成果をあげた。

プロフィール

増穂登り窯

所在地	山梨県南巨摩郡富士川町
開窯	1990年
焼成回数	562回（2019年7月時点）

消えゆく伝統技術や文化資源の存続に向けて

　日本の陶芸の歴史は世界的にも古く、約1万2千年前まで遡るという。当時は日本各地で炎を模したかのような縄文土器が作られ、その後、簡素で優美かつ実用的な弥生土器、古墳からも出土した土師器が登場し、その多くが古墳時代初頭まで野焼きされていたと言われている。そして、古墳時代中期には中国や朝鮮からろくろ技術や窯による焼成技術などが伝わり、須恵器と呼ばれる青灰色で硬質な土器が作られるようになった。当時は地下式・半地下式の登り窯を用いていたが、1100度以上の高い温度で還元焔焼成することで強く焼き締まり、実用に耐えうる強度を実現したのである。その後、熱効率の向上と大量生産を意図して大窯が出現し、江戸時代には焼成室を階段状に重ねた連房式の登り窯が登場し、品質の均一化と大量生産を実現した。そうした薪窯の進化、多様化とともに日本各地でさまざまな土や風土を活かした焼き物文化が発展した。

　薪窯は、日本の陶磁器づくりの歴史を受け継いだ伝統工芸の手法として欠かせない存在だ。しかしながら、焼成室を重ねた登り窯は規模も大きく、斜面を活かした広大なスペースが必要で手間がかかること、また

● 図表 1-1　増穂登り窯は富士山を望む櫛形山の麓にある

排煙など周囲への配慮が求められること、そして職人の勘や熟練の技を必要とすることから年々焼成を行う窯元（かまもと）が減りつつある。それは同時に伝統的技術の継承機会をも失うことにほかならず、はては陶芸文化そのものに影響が及ぶのも時間の問題と言える。そもそも陶芸をとりまく状況は決して安泰とは言えない。趣味としての陶芸は今でこそ中高年を中心に安定的な人気を得ているが、伝統工芸の職人ともなると高齢化が進み、後継者不足に悩む状況にある。その点においても技術と文化の継承が危うくなりつつあると言っていいだろう。

独学と試行錯誤で伝統的な登り窯の技術を修得

こうした事態に対し危機感を抱いていたのが、山梨県富士川町で登り窯による陶器作りに取り組む「増穂登り窯」代表の太田治孝氏だ。陶芸の職人の多くが師匠とともに仕事をしながら技を引き継ぎ、長い時間をかけて独り立ちしていくが、太田氏が陶芸を始めたのは40歳の頃。それまでは多くの芸術分野で多才ぶりを発揮した池田満寿夫氏（1934－1997）のもとで仕事をし、作陶パートナーとして薪窯焼成技術を研究し

●図表1-2　間伐材を薪として使用する

始めたのが「増穂登り窯」を開窯したきっかけだ。

「池田さんは薪窯で焼いた作品が一番自分らしいと言い、『安土桃山時代と同じ薪窯を復活させればもっと面白いものができるのではないか』という話に至りました。そこで適度な傾斜があって薪窯を作るのにふさわしい土地を探して、山梨県の富士川町に窯を開いたんです。当時は首都圏でも10カ所ほど薪窯がありましたが、やはり陶芸の世界は閉鎖的だったんでしょうね。技術を教えてくれるところがありませんでした。そこで文献を読んだり、実際にテストを繰り返したりしながら、四苦八苦して技術を修得してきたんです」

太田氏は設立当時をそう振り返り、「窯を開いてからもう30年が経ちますが、その間に560回以上も窯を焚き、現在は納得のいく技術レベルにまで引き上げることができたと思っています」と胸を張る。

増穂登り窯では、山梨県内のアカマツやスギ、ヒノキなどの間伐材を薪として使用するなど、自然エネルギーだけで陶器を焼成している。環境に配慮した高い技術が評価され、2007年度のストップ温暖化活動コンテストでは優秀賞を受賞するなど注目される存在だ。現在は8基の窯を持ち、特に池田氏が考案し太田氏も開発に尽力した「池田満寿夫八方窯」の独自性は業界でも高く評価されている。

「なにしろ薪窯に関してはゼロからの出発でしたからね。属人的な体験と勘だけに頼ることなく、途中からは焼成室の温度を測るなど、科学的なアプローチも重ねて行ってきました。自分たちの体感と実際の温度、そして最終的な完成品の出来を突き合わせて、答え合わせをするような感じでした」

まず20度くらいから焚き始め、最初の12時間は150度に保ち、その後1時間ごとに50度ずつ上げていき、最終は1230～1250度になったら10時間ほどキープして、次の焼成室に横から薪をくべて同様に温度を上げていく。それを焼成室の数だけ繰り返すのが基本だが、例えば1つ目の室は焼き締め、2つ目の室は釉薬が少しかかっているというように、窯に入っているものによって温度を若干変えていく。そして火が消えたらそのまま放置して自然に温度が下がるのを待つという流れだ。

温度を測るといっても、相手は1200度以上にもなるような高熱の窯だ。そこで温度計と計測技術を提供したのが、ネットワーク機器や電源関連機器のメーカーである株式会社アイエスエイだった。同社は以前か

らAIを駆使した焼成システムを持ち、高温度まで測定可能な温度計を提供している。野外の窯内に付けたセンサーから、電波を用いて計測値を送るという最初のテストは、2018年暮れ、同社からの依頼で行われていた。
「始めの頃は自分たちの窯の焼成技術向上のために、温度管理をしてきたのですが、だんだんと、薪をどのくらい、何時間くべたかで温度を推測できるようになり、温度計がなくてもできるようになりました。しかし、人に技術を継承するためにも数値化されたデータが必要だと思うようになったんです」

登り窯での焼成を視覚化し"仮想"体験してもらう

　増穂登り窯では、太田氏が作品づくりを行うのに加え、会員制でプロ・アマチュア陶芸家にも窯を開放している。焼成技術の継承にも力を入れており、これまで取得してきた温度データを60人ほどいる会員に提供してきた。
「自分一人で作業をする分には、全部自分の頭の中にある経験や感覚で

● 図表 1-3　各窯に設置された温度計のデータを送信

● 図表 1-4　ネットワークカメラを設置し、ライブで撮影

進めることができます。しかし、初心者も含めて複数名で協力して作業するためには、明確な指標が必要となります。そこで窯の内部を温度計で測定した結果を１時間ごとにグラフに落とし、それを共有するようにしました」

　そんな太田氏の取り組みに、専門雑誌「陶遊」の版元である株式会社エスプレス・メディア出版が注目し、2019年のゴールデンウィークに向けて、薪による登り窯焼成の様子をパソコンやスマートフォンを通して"仮想"体験してもらうイベントの企画が持ち上がった。
「窯への火入れは年に10回ほど行いますが、1回につき2週間はかかる大事業です。焼成する作品の窯入れに3、4日間かけて薪をくべ、その間どんどん焼成室の温度が上がっていく。さらに火が消えてからも1週間も時間をかけて冷ましていきます。温度の変化は陶芸をよく知る人にとって面白いとは思うのですが、どうせならもっと初心者や陶芸に馴染みのない方にも見ていただけるようなイベントにしたいという話になりました」

　話し合いを進める中で、事前に登り窯での焼成を希望する作品を募集し、抽選で当選したものを窯の中に並べるというアイデアが出てきた。そしてさらにライブカメラを設置して窯や作業の様子を撮影し、逐一変化する焼成温度のデータとともに視覚化してライブ配信してはどうかということになった。

● 図表 1-5　作品を窯詰めして焼成する

　「ライブカメラで協力していただける連携先を探していたところ、2018年12月にアイエスエイの紹介でNTT東日本が合流してくれるということになり、カメラやWi-Fiなどの環境をお願いすることになりました」

　NTT東日本でも地方創生の支援に取り組んでいた。当初農業や漁業などの一次産業に関する案件が主だったが、文化や技術の継承も地方創生支援の一環であることは明らかであり、さらに最新のIoT事例としてネットワークカメラやWi-Fiなどの技術が役立てられるならと、チームに加わることになった。

　こうして4者が合流し、「未来につなぐ伝統とIoTの環（わ）、山梨から贈る陶芸仮想体験」と題して、誰でもどこでも登り窯焼成を体感できる"新感覚の陶芸仮想体験イベント"を実施することになった。何度かの打ち合わせを経て、2019年2月19日に報道発表を行い、2月23日に刊行された雑誌「陶遊」171号で、窯で焼成する応募作品を募った。ほぼ誌面で50組限定の募集だったにもかかわらず想像以上の応募があり、当初の予定を大幅に超える約150名分600点の焼成を無料で行うこととした。

温度と映像を組み合わせて配信しデータとして蓄積

　8つの窯のうち、3つの焼成室が連なる「登り窯」が実証実験の対象となった。温度測定については、アイエスエイの温度センサーと計測システムを導入した。外気温と3つの焼成室の温度を計測し、それらの温度データを有線で計測装置に送り、そこからWi-Fiよりも電波が遠距離まで届きやすいLPWA通信方式（今回はLoRaという方式を使用）[*1]を通じてサーバー装置に送信、光回線を通じてクラウドへ蓄積させた。クラウド上で視覚化処理を行ってグラフにし、ポータルサイトに表示するまでをほとんどリアルタイムで行った。

　そしてライブカメラについては、太田氏とNTT東日本で「何を撮ればいいのか」「どのくらいの精密さが必要か」などを話し合い、要件を満たすものとして、夜でも撮影が可能な高精度のネットワークカメラを選定し設置した。カメラの1台は1つ目の窯口が見えるところ、そして

● 図表1-6　祈祷のうえ焚口に火を入れる

[*1] Low Power Wide Area：携帯電話システムと比較して低速ではあるが、低消費電力で数kmから数十kmの通信が可能な広域性を有している無線通信方式。LoRaはその一方式で、IoTに適した通信方式の一つとみなされている。

もう1台は脇から窯全体が見渡せるところに取り付けられた。

「ライブカメラに期待したのは、窯の様子を誰でもいつでもどこからでも見られるようにすることで、臨場感を感じながら焼成を"仮想"体験してもらうことです。陶芸ファンはもちろんですが、初心者や陶芸にあまり縁のない人でも『薪を使った登り窯での焼成』という伝統的な技術に興味を持ってもらいたいと思ったのです。また技術の伝承という意味では、温度データと併せて映像を取得し突き合わせることで、実際の作業内容とそれによる温度変化が分かるような記録にしたいと思いました。例えば薪を何本入れたから温度が上がったのか、途中どのくらいの時間扉を開けて空気を入れたか、温度データの推移と突き合わせれば、タイミングややり方を知ることができます」

2019年4月27日から窯詰めがスタートし、火入れが4月30日。その1週間ほど前からカメラでの映像データの取得が始まり、当選した作品を登り窯の中に並べていくところから映像配信が開始された。その後、薪をくべる様子や夜に窯の火でうっすら明るく見える様子、焼き上がった作品を取り出すところまで、昼夜を問わず約14日間の全行程をノンストップで撮影して配信し続けた。映像データはWi-Fi通信によって事務所のサーバーに送られ、そこから光回線を通じてクラウド側に用

● 図表 1-7　順に上の小口に薪をくべていき焼成する

● 図表 1-8　温度は人手でも記録

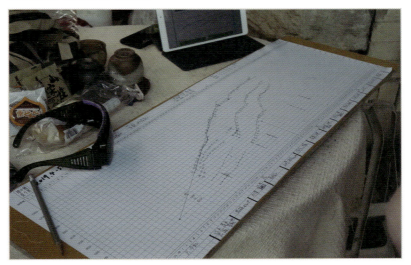

意された専用ポータルサイトに表示され、イベントが始まると同時にYouTubeでもライブ配信された。ポータルサイトでは焼成室内の温度をグラフ化したものがライブ映像と一緒に掲載され、パソコンやスマートフォンからいつでもどこでも、そして誰でもリアルタイムで閲覧できるという仕組みだ。期間中にはトラブルが生じることも想定されたため、NTT東日本の担当者が待機したが、幸い問題はなく全工程を無事に終えることができた。

　NTT東日本が手掛ける多くの案件ではセキュリティを重んじてプライベートクラウドを利用することが多いが、今回は情報をオープンに提供することが目的の実証実験として、コストをかけずにスピーディーに施策を進めることを優先し、パブリッククラウドを使用した。将来、そうしたリアルタイムのデータを見ながら温度を調節するなど、アクティブな操作が必要になった場合は、セキュリティ強化のための環境づくりも視野に入れているという。

「すべてがICTで解決できるとは思いませんが、現状では技術を持つ人や窯がなくなってしまえば、そのまま技術も廃れてしまいます。たとえ、後継者が途絶えても、次の世代で興味を持った人が復興したいと考えたとき、何らかのデータが残っていることで役に立つこともあるで

● 図表 1-9　ライブ配信された温度データとライブ映像

しょう。映像については、窯入れや窯出しの様子など、見ている人が楽しんでくれたのでよい PR になったと思っていますが、技術的なアーカイブとして役に立つかどうかはこれからです。ただ、私たちにとっては当たり前のことでも、技術を修得したい人が見れば、情報の宝庫となるでしょう。少なくとも窯を開いたばかりの頃の私なら、食い入るように見ていたでしょうから」

　太田氏は今回の実証データを公開することも許諾しており、ゆくゆくは誰でも活用できるようにしたいという。これは徒弟制を重んじ、技術を公開したがらない陶芸の世界ではまったく異例のことだ。
「私自身が師匠から学んだわけでなく、苦労しながら試行錯誤してきたので。おそらく池田満寿夫という芸術家の存在がなければ、ここまで面倒で大変なことはできなかったかもしれません。同じようにこれから独学で伝統工芸を学ぼうという人がいるとすれば、せめて私が体験してきた大変さを少しでも楽にできるよう、技術の継承を手伝えればと思っています。今ならまだ教えられることもあるかと思いますが、私もいつかはこの仕事ができなくなるでしょう。だからこそ、次の世代のために何らかの形で残せるものがあるとしたら、こんなにうれしいことはないですね」

● 図表 1-10　焼成したものを窯出し

テレビ取材や海外からの問い合わせなど想定外の効果も

　約14日間にわたるイベントには、作品を焼成することになった人々の中から約50人が参加し、「増穂登り窯」の会員も太田氏の作業を手伝うために集結し、大賑わいとなった。NTT東日本の公式TwitterでもPRがなされ、ポータルサイトおよびYouTubeも多くの閲覧を獲得。さらには地元のUTYテレビ山梨の取材も入り、閲覧数獲得に貢献した。
「イベントがテレビで放映されたこともあって想像以上の反響があり、驚きました。こうした文化資源はやはり人が注目してくれることで存続していくもの。そこで興味を持っていただけることで文化を継承する人が出てくるかもしれないし、登り窯で焼いた焼き物のよさを知ってもらえるかもしれない。改めてPRの重要性を痛感しました」
　さらに動画はYouTubeでもリアルタイム配信を行い、世界のどこからでも閲覧できるようにしたことで、海外からの問い合わせも複数あったという。
「海外の陶芸家の方から『参加したいのだけど、どうしたらいいのか』と英語で連絡がありました。米国にも薪窯はあるのですが、最初はバー

第 1 章 　登り窯の技術を伝える！ IoT で映像・データを蓄積し地域文化資源の保全に活用

● 図表 1-11 　増穂登り窯の IoT 実証実験システム構成

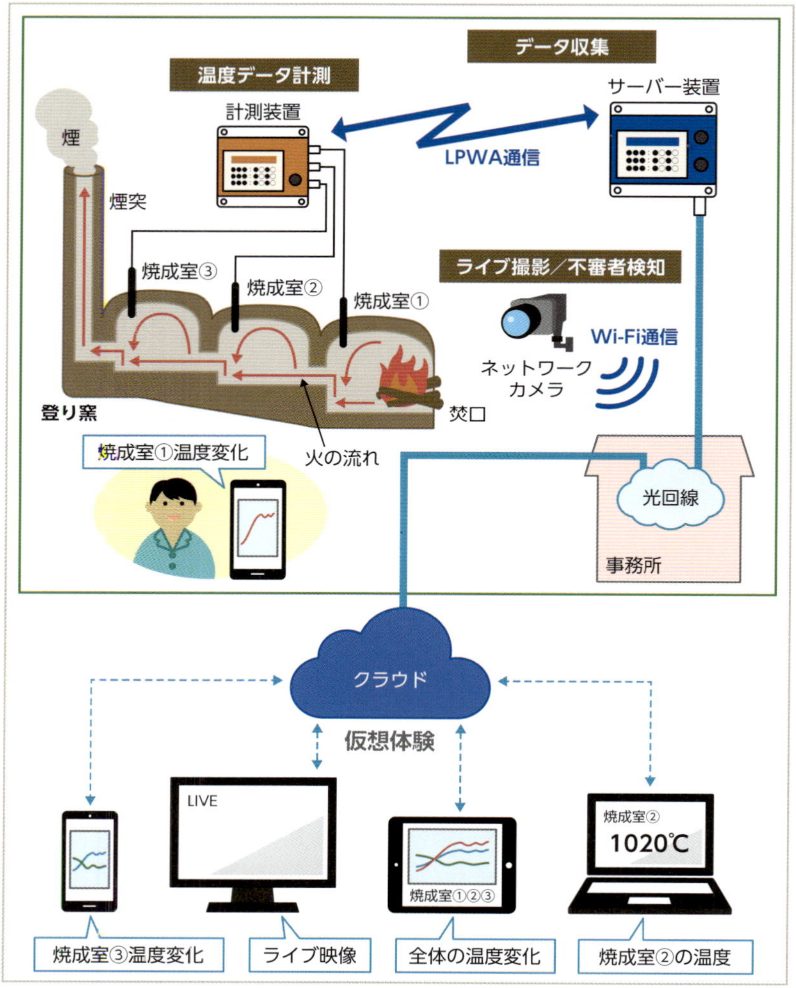

ナーで温めてから薪をくべて焚いていくんですね。合理的と言えば合理的なんですが少々荒っぽい。でも、うちでは最初から薪を使うので、どうやるのか興味があるというのです」

　NTT 東日本では、太田氏の協力のもと、取得・蓄積した温度データについて映像データと突き合わせて解析することを検討している。

「温度については実証実験の前からずっと測定しており、以前は1時間ごとにチェックして手作業でグラフに書き込んでいました。当然ながら夜中も測定する必要がありますし、温度に変化があれば対応する必要があり目を離せませんでした。しかし、今回の実証実験では1分ごとに測定されており、さらに夜間のデータまで取得できるというIoTならではの強みが活かされており、その精度にはさすがに舌を巻きました。アラートなどと組み合わせれば、さらに温度管理を省力化できるのではないでしょうか」

有形・無形の地域文化資源を保管し活用する仕組みづくり

　地域文化資源は、美術品や建築物といった有形文化財から、祭りや昔話、伝統芸能などのような無形文化財まで多岐にわたり、当該の関係者がそれぞれ任意でアーカイブ化に取り組むケースが少なくない。しかし必ずしも公開されず、内部の財産として保有され続けることもある。もともと地域文化資源の保全・継承については、多くの地方自治体において課題となっており、総務省自治行政局など国もまた「地域文化デジタル化事業」として10年近く前から推奨してきた。当時に比べてようやく技術的な仕組みが追いついてきた感はあるが、担い手として期待されている自治体は財政的な問題もあり、地域企業や学校、NPOなどとの連携によって、半ばボランティア的な文化事業として進められているところが多い。以前に比べてカメラやビデオ、スマートフォンなど安価な機器でも人やコストをかけずにコンパクトに記録・保管ができるようになり、少しずつアーカイブ化も進みつつある。

　しかし、それでも無償で続けていくことには限界がある。文化や技術は活用してこそ活きるもの。例えば世界遺産や名画のように、有名な有形文化財が観光や展覧会で得られる資金によって修復や管理が可能となり、継承していけるという現実もある。しかし、重要ながら無名という文化財も多く、すべてがそれぞれの力でアーカイブ化し、さらにマネタイズできるとは限らない。

　そこで、NTT東日本では、有名無名にかかわらずあらゆる有形・無形の地域文化財をデジタルデータ化してアーカイブし、未来への「タイ

●図表 1-12　焼き上がった作品

ムカプセル」として保管する知財の銀行という構想を抱いている。さらにそれをしまい込むのではなく、クローンや VR などによって取り出して活用し、利益を地域に還元するという仕組みも模索しているという。

　NTT 東日本には、通信ビルという災害への対応力に優れたリソースに加えて、高画質画像などの大容量データが滑らかに配信できるエッジコンピューティングなどのインフラ技術、新たな体験環境を提供するVR 技術などが揃い、画像・3D 映像の分析技術など真贋判定にも使える最新技術も研究されている。こうした文化財・技術のデジタル化・活用についての大きなアドバンテージに加え、さらに地域や業界に密接なネットワークを持ち、これまで蓄積してきた企業としての信頼性の高さも強みと言える。

　文化や技術のデータ化・可視化はまだ始まったばかりとはいえ、その価値は高く、大いに期待されている。例えば、2019 年 4 月に火災により消失したノートルダム大聖堂も 3D データが保存されていたことでかつての姿を取り戻せるとされている。今回の実証実験はそうした有形の「登り窯」と無形の焼成技術の組み合わせによるデータ化であり、アーカイブが困難な事例ながらも第一歩が踏み出せたのは大きな進展と言え

るだろう。実際、NTT 東日本には、今回の実証実験の取り組みをテレビで観たという東北地方の自治体から、祭りに関するアーカイブ化について問い合わせがきているという。過去のアーカイブとしてデータを残すだけでなく、他の地域で祭りの様子を再現し「ホンモノが観たい」と思う人が増えれば、現地への誘客を促進し、高い経済効果も得られるだろう。はたして今後はどのような有形・無形の文化がデジタル化され、広く活用できるようになるのか、さらなる展開が期待されている。

※　文中に記載の組織名・所属・肩書き・取材内容などは、すべて 2019 年 7 月時点（インタビュー時点）のものです。

○ まとめ

課題
- 陶芸の伝統の技術を継承したい
- 温度管理を数値化されたデータとして残したい
- 薪による登り窯焼成の様子を広く "仮想体験" してもらいたい

導入
- 温度センサーと計測システムで外気温と 3 つの焼成室の温度を計測
- 夜でも撮影が可能な高精度の「ネットワークカメラ」で撮影しライブ配信
- 映像は Wi-Fi で、窯の計測データは LPWA で通信

効果
- 焼成室内の温度をグラフ化しポータルサイトに掲載
- 14 日間の全工程の映像をノンストップでライブ配信
- 国内はもちろん海外からの視聴や問い合わせもあった

> インタビュー

伝統技術を途絶えさせることに危機感
ICTの大きな可能性を実感した

太田 治孝（おおた はるたか）氏
増穂登り窯　代表

―― 太田さんが登り窯の技術をアーカイブ化し、次世代に残したいと思われた経緯を教えてください。

　正直、陶芸を始めた頃は伝統になど興味がなく、池田満寿夫さんの作品に良かれと思って苦労しつつ技術を磨いてきました。池田さんが亡くなった後も、ひたすらいい作品が作りたいという思いだけで、ずっと内向きに仕事をしてきたんです。陶芸をやる人はどちらかというと、内向きなんですよね。

　でも窯を構えて30年経って気がついてみると、周りから登り窯をやる人が消えていて、趣味として「登り窯で焼きたい」という人はいても、

焼成技術まで担おうという人はまずいなくなっていました。そこで改めて、自分がいなくなったらこの場所での登り窯という陶芸文化が途絶えてしまうことに気づいたんです。

そもそも山梨という土地は、いわば日本の焼き物の原点とも言える縄文土器がたくさん出るところです。私が独自にやってきたと思っていたことも、実は多くのご先祖が積み重ねてきた技術の上にある。それに気づいたとき、私も日本の陶芸の歴史の一部を担っていることに気づき、技術を途絶えさせてしまうことに危機感を感じるようになりました。

ただ、かといって直接私の技術を引き継いでくれる人はまだ現れないし、文章などですべてをまとめられるものでもない。なので、この実証実験の話が出たときに「そういう方法があるのか」と思い、参加することにしたんです。

―― 以前に比べて、伝統工芸や技術に対する関心が高まっていると言われています。

陶芸は趣味として安定的に人気があると言われていますが、実感としては以前に比べると随分減ってきたように感じます。AIを使った電気窯や電子レンジで焼ける技術なども登場し、簡単に焼けるようになってきたのに不思議ですよね。逆にわざわざ手間をかけてでも「登り窯で焼きたい」という人は増えていて、増穂登り窯の会員も定員オーバーの状態にあります。

これは私見ですが、世の中が便利になればなるほど、人は反動で手をかけたくなるのではないでしょうか。簡単に手に入るものではなく、手間と時間をかけたものを大切にしたくなる。その延長線上に伝統工芸や技術に対する関心の高まりがあるように思います。またグローバル化が進むほど、その地域にしかない地域文化財に心惹かれるとも聞きますね。そうした便利さやグローバル化の反動で、消えゆく伝統技術を惜しむ気持ちが生まれているのではないでしょうか。国や自治体などは観光や文化の資源として経済的な期待もあるのでしょうけれど……。

第 1 章　登り窯の技術を伝える！ IoT で映像・データを蓄積し地域文化資源の保全に活用

—— 伝統技術や文化の継承という点において、ICT に期待することは何ですか。また、NTT 東日本に期待されていることは何でしょう。

　今回の実証実験では、私の実感としては「やっぱりそうだったか」というところて、正直いうと新しい発見があったわけではありません。でも他の人が見たときに「このタイミングで温度が上がりすぎた場合は、扉をこのくらい何分開ける」というように、具体的なノウハウとなるヒントがたくさんあることが分かりました。映像だけを見て何をしているのか分からない場合でも、温度データとの突き合わせによってノウハウとして可視化できるということであり、そこに ICT 活用の可能性があると思いました。

　そして、NTT 東日本がポータルサイトとして一般公開してくださったことで、高い PR 効果が得られ、多くの人に見ていただくことができました。そうした注目されやすいプラットフォームに置かれることで、アーカイブ化した技術や文化が見つけられやすくなり、伝承・活用面で大きなメリットがあるように思います。

　実際、YouTube の動画を見て興味を持ってくれた米国の陶芸家から窯に見学に来たいと連絡がありました。そこで彼に対して伝統技法の継承ができれば、それはまた大きな社会貢献になるでしょう。そういう話をすると、地域はおろか日本で継承されずに海外に技術が出てしまうのではないかという懸念を持たれる方もいらっしゃるでしょう。しかし、私は伝統工芸は求められる場所で生まれ、育っていくものだと思っています。実際、私の登り窯の技術も地域的な伝承で得られたものではなく、いい作品を作りたいという思いがあって修得できたもの。さらに言えば、どんなに技術を提供しても、誰にも真似のできないものです。むしろ閉鎖的に内向きになって技術を隠すのではなく、外に発信する方が仲間を増やし、業界や地域の活性化にもつながるのではないかと思います。

第2章

宮城

「一杯で旨い酒」を造る！
杜氏が蔵を離れる時も
IoT でもろみの品質を管理

寒梅酒造

IoTセンサー／カメラで醸造工程をサポート データを蓄積しよりおいしい酒をめざす

寒梅酒造

　日本有数の米どころ仙台平野の宮城県大崎市で、年間600石ほどの小さな酒蔵を営んでいるのが寒梅酒造だ。日本酒の旨さを徹底的に追求しており、醸造中は責任者の杜氏は酒蔵を離れることができず、日本酒の魅力を伝える催しや販売のための出張に出掛けにくかった。そこで、IoTセンサーとIoTカメラを導入し、タンク内の温度やもろみの状態を外出先からも確認できる仕組みを作った。これによりいつでも仕込みの状態が分かり、適切な作業指示が出せるようになった。この仕組みと蓄積されたデータを、さらなる醸造技術の向上に活用していきたいという。

プロフィール

合名会社 寒梅酒造

創業	1918年
所在地	宮城県大崎市
事業内容	清酒の製造および販売

日本酒は年々、飲まれなくなっている

　米どころ仙台平野北部にある宮城県大崎市は、当然米作りが盛んな地域である。誰もが知っている、あるいは食べたことがあるだろう「ササニシキ」や「ひとめぼれ」は、大崎市の中心地・古川の農業試験場で生まれた米だ。米作りが盛んなのには理由がある。大崎市には一級河川の鳴瀬川と江合川（一級河川北上川の支流）が流れ、肥沃で広大な平野が広がっているからだ。

　良質な米と豊かな水。そのような自然に恵まれた大崎市には、伝統的においしい酒を造る酒蔵が多くある。その一つが1918年創業の寒梅酒造だ。寒梅酒造を訪れると分かるが、酒蔵の前には広大な田んぼが広がっている。寒梅酒造の創業者である岩﨑碩次郎氏は地主で、そこで採れた米を活かして、おいしい清酒を造ろうというのが事業の始まりだったという。戦争により一時、酒造りは中断したが、1957年に再開。現在は、2年前に社長に就任し製造責任者（杜氏）も務める岩﨑健弥氏と業務執行社員経理担当の真奈氏夫婦が5代目として、自社の田んぼや県内の契約農家が作った酒米を使い、「一杯で旨い酒」をコンセプトに純米酒造りに取り組んでいる。

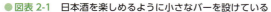
● 図表 2-1　日本酒を楽しめるように小さなバーを設けている

第 2 章　「一杯で旨い酒」を造る！杜氏が蔵を離れる時も IoT でもろみの品質を管理

●図表 2-2　酒蔵で日本酒造りに用いられる各種タンク

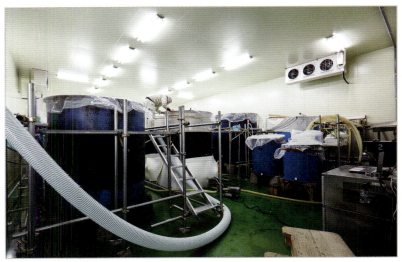

　自社の田んぼで酒米作りをしているのは、真奈氏の父、寒梅酒造の会長を務める岩﨑隆聡氏である。このように酒米作りから醸造までを一貫して行っている蔵は、宮城県内でも珍しい。だが、このような取り組みにも、5代目夫婦の「とにかく旨く、こころに春をよぶお酒を造りたい」という思いが表れている。

　日本酒業界をとりまく環境は決して明るいとは言えない。成人1人あたりの清酒年間消費数量は、約20年前の1998年では10.6リットル（一升瓶5.9本）だったが、2017年には5.1リットル（一升瓶2.8本）に減少している。成人人口は増えているので、20代などの若手の層が酒を飲まなくなってきている傾向があるという。

　そのため酒税の課税額も減少傾向になっている。清酒の課税額は1998年は1412億円だったが、2017年には2分の1以下の602億円となっている[*1]。

　だが、明るい材料もある。日本酒と一口に言っても、吟醸酒、純米酒、本醸造酒などの特定名称酒、普通酒（かつての一級酒や二級酒）と

[*1] 国税庁課税部酒税課『酒のしおり』（平成12年2月、平成31年3月）

いうように、製法や原料によってさまざまな種類がある。特定名称酒のうち純米と付く日本酒はアルコール添加をしていない酒で、純米の付かないものは若干のアルコールを添加しているという違いがある。普通酒は米、米麹、醸造アルコールのほかに、糖類や酸味料、アミノ酸などが含まれたり、アルコールの添加量が米1トンあたり116リットルを超えたり、麹歩合が15%より低かったりする日本酒を指す。スーパーなどで一般的に売られている日本酒がこの普通酒である。

　実は課税数量の落ち込みの原因は普通酒にある。日本酒の種類別に見ると、純米酒や純米吟醸酒の日本酒の課税移出数量[2]に占める割合は、年々伸びており、出荷金額も2012年より増加基調で、出荷金額の単価も上昇している。近年は高付加価値の商品を求める傾向があるのだ。

旨い酒造りでファンを増やすことが第一

　寒梅酒造では普通酒は製造しておらず、主要ブランド「宮寒梅」は純米吟醸と純米大吟醸、もう一つの「鶯咲」は純米酒というように、特定名称酒のみを製造している。

　かつては寒梅酒造でも普通酒や本醸造酒などさまざまな日本酒を製造してきた。しかし健弥氏は「今から10年前、私が酒造りに関わるようになったときに蔵の方針を変え、ブランディングをするようになりました」と話す。とにかく品質にこだわり、丹精込めておいしい酒を造るのだ。また、思いのこもった酒をおいしいままに届けるため、「扱ってもらうお店にもこだわり、流通も変えました」と健弥氏は語る。「私たちが取引しているのは、冷蔵保管など品質面にちゃんとこだわって丁寧に扱っている販売店のみ。だから売上を伸ばすためにファンづくりはしますが、自ら取扱店を開拓することはしません。一般のお客さまに知ってもらうことを重視しています」と健弥氏は微笑む。

　健弥氏と真奈氏はファンづくりのため、仕込み蔵の隣にあった事務所を改装。1階には小さなバーを設置し、そこで酒を楽しめるようにし、さらに2階にはいくつかのテーブルを並べ、料理と酒を楽しめるようなイベントを開催できる空間を作った。またTwitterやFacebook、

---

[2]　製造者が移出（出荷）に応じて納税すべき課税物件（種類）が1年間に製造場から課税移出された数量

Instagram、Pinterest、LINEなどのSNSを活用し、情報発信を積極的に行っている。

　3月16日に実施した「宮城県大崎市美酒美食日帰りバスツアー」というタイトルのツアーでは、仙台市青葉区で10年以上続く小料理屋「旬味漫菜　ひろ幸」とコラボレーション。参加者たちは酒蔵を見学したあと、新たな装いとなった2階のイベントスペースでひろ幸の和食料理に舌鼓を打ちながら寒梅酒造の酒を楽しんだという。こういう新しい取り組みをして、酒を知ってもらい、ファンの拡大を図っているのだ。
「まだまだこれだというお酒を造れたという実感はありません」と謙遜する健弥氏だが、寒梅酒造の酒は業界でも高い評価を受けている。2017年、2018年と連続で全国新酒鑑評会金賞を受賞。またフランスで2017年から開催されている日本酒のコンクール「Kura Master2018」では、純米大吟醸酒＆純米吟醸部門で「宮寒梅　純米吟醸45％」が金賞を受賞。この酒は2019年2月から2021年1月まで、シンガポール航空ビジネスクラスの乗客に提供されている。

　健弥氏が寒梅酒造で酒造りに関わるようになって以降、すべてが順調だったわけではない。健弥氏と真奈氏は同じ大学の出身。学内のサーク

●図表2-3　日本酒のもろみを仕込むタンク

● 図表 2-4　タンクに取り付けたセンサー類

ルで出会い、卒業した年の4月に結婚したという。だが、学生の頃は、健弥氏も「家業を継ぐとは思っていなかった」と話す。だが、真奈氏が就職活動をしていた大学3年生のとき、家業を継ぐことを決意。健弥氏もその決意に共感し、大学4年生のときからアルバイトとして入り、酒造りの知識を学んでいったという。大学を卒業すると同時に、寒梅酒造に入社。当時を振り返り、健弥氏は「地元の居酒屋にも置いてもらえず、売れていませんでした。正直に言って、若い私にはおいしいお酒とは思えませんでした」と苦笑いを浮かべる。

とはいえ、大学時代、社会福祉学を専攻していた健弥氏は旨い酒を造るための知恵は持ち合わせていなかった。そこで造り方について、外部の蔵元に指導を仰いだりしたという。健弥氏はその方のことを師匠と呼び、「いろいろ教えてもらいました」とにこやかに語る。

こうしてゼロから酒造りをスタートした健弥氏。酒造りの知識を学んでいくうちに、ようやく旨い酒ができない要因が分かったという。「どういう酒を造りたいのか」というコンセプトが明確ではなかったことだ。「酒造りは逆算できるんです。こういう酒を造りたいというところから逆算し、それを実現するための製法、さらに米や麹を用意すれば、ちゃんとねらったような酒ができるんです。だからまずはコンセプトを

作ることから始めました。今から10年前のことです」（健弥氏）

そのコンセプトが「一杯で旨い酒」である。そして、そのコンセプトが実現できる酒造りにまい進していったのである。

その後も、順風満帆に進んだわけではない。2011年3月11日、東日本大震災が起こった。寒梅酒造も甚大な被害を受け、蔵は全壊指定となった。しかし全国のファンをはじめ、取扱店などさまざまな人から支援を受け、蔵の再建を行った。そして2011年12月から新酒の仕込みを開始したという。

もろみの状態が気になり営業活動に集中できない

現在の従業員数はパートを含めて7人だが、その人数で毎年8月から翌年6月までの間、酒の仕込みを行う。

酒造りは次の工程をたどる。米を精米して洗米し、蒸す。蒸した米に種麹をふり、麹米を作る。次に酒母（蒸した米と麹、水から優良な酵母を培養したもの）を造り、酒母、麹、蒸し米、水をタンクに入れて仕込

● 図表 2-5　タンクにセンサーを吊り下げる仕組みに2ヶ月を費やした

●図表 2-6　IoT カメラでタンク内のもろみの状態を確認する

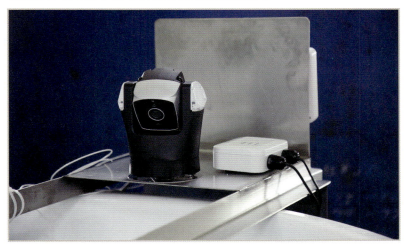

み、発酵させる。発酵が終わると絞り、ろ過すれば新酒の完成だ。

　これらの酒造りの工程で最も重要になるのが、品温管理である。特に仕込みが終わってからは毎日、櫂入れというもろみをかき混ぜる作業を行う。もろみを発酵に最適な温度に保つことを目的とするこの作業を行いながら、もろみの状態をチェックするのである。「もろみの温度と表情を見ることは、旨い酒造りには欠かせません」（健弥氏）

　だが、健弥氏は製造責任者であるとともに、寒梅酒造の経営者。酒に関するイベントに参加するため出張したり、営業活動で外出したりすることも多い。出掛けている間も「もろみの状態が気になってしまっていた」と健弥氏は明かす。そこで外出時には、従業員にスマートフォンのカメラでもろみの状態を撮影して送ってもらったり、ビデオ通話アプリを使って撮影しながらもろみの状態を確認し、従業員に指示したりしていたという。

　それだけではない。この仕込みの工程でもう一つ、健弥氏には気になっていることがあった。それは旨い酒造りには欠かせない、もろみの温度管理である。「例えば発酵が早く進み、もろみの期間が短いと、粗い酒になってしまいます。一方低温で長期発酵させることができれば、芳醇な酒ができる。とはいえ、あまりにも温度が低くなりすぎると、発

第2章 「一杯で旨い酒」を造る！杜氏が蔵を離れる時もIoTでもろみの品質を管理

● 図表 2-7　センサーのデータは一度パソコンに入ってからクラウドに送られる

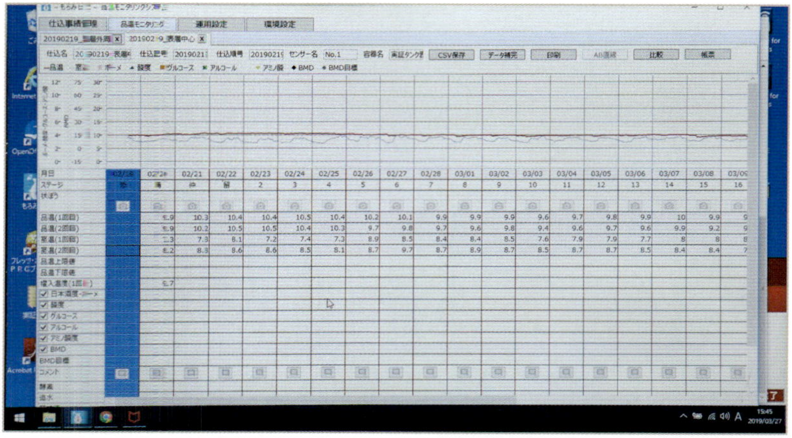

酵しなくなる。いかに発酵をうまくコントロールし、きれいにもろみを溶かしていくか。それが旨い酒造りの最大のポイントなんです」（健弥氏）

　低温で発酵させるため、仕込み蔵の室温は約6度。暑くなると冷房を効かせ、温度を保つという。もろみの温度は従来、各タンクに一つずつ設置された温度センサーで測定していた。もろみの発酵が始まると、その表面温度は20度ぐらいまで上がるという。そこで温度を下げるため、ジャケットと呼ばれる冷水を通す冷却装置を用いて制御し、ちょうどよいあんばいで低温発酵ができる状態を保つという。

「センサーが示す温度は、センサー周辺のもろみの温度です。例えばもろみの中心部と外側、さらには表面に近いところ、深いところの温度はどうなのか。櫂入れしたとき、それらの温度はどう変わるのかなど、把握したいなと考えていたのです」（健弥氏）

　そのほかにも課題はあった。実は酒蔵の経営業務の中で、一番労力がかかる業務が酒税を申告するための帳票作りだという。「製造責任者や杜氏はこの帳票作りをしている時間の方が長いのではと思うぐらい、とても時間がかかるんです」と健弥氏は語る。記帳する事項は原料を受け入れた数量や価格から始まり、仕込んだ容器番号や仕込んだ原料名、数量、アルコール分、詰口（びんなどの容器に詰めること）の数量、また

蔵から移出した場合はその年月日や数量、価格など、こと細かな情報を記載する必要があるからだ。持ち場を離れられない作業のため、注文のFAXをタイムリーに受けられないという問題もあった。

このような問題を抱えてはいたが、第一に「旨い酒を造る」ことに注力していたため、これらの課題を解決するため何か特別のことはしなかったという。

2017年10月、「地域のお客さまが抱えるICTのお悩みに応える」ため、NTT東日本の担当者が、寒梅酒造を訪れた。NTT東日本とのそれまでの関係について健弥氏は「電話回線でお世話になっていたことぐらい」という。通信に限らず酒造りの業務において何か困っていることはないかという問いに、健弥氏は先のような課題があることを素直に伝えたという。

そして、2018年2月、NTT東日本の担当者が提案書を持って寒梅酒造を訪れ、「もろみの状態が心配でなかなか営業活動ができない」「仕込みタンク内の複数箇所の温度を把握したい」という課題への解決策を提示した。酒造タンクとろ過室に温度や湿度、CO_2濃度センサー、カメラなどのIoTデバイスを設置し、遠隔でもろみの状態を確認する仕組みを作るとともに、IoTデバイスで取得したデータをクラウドに蓄積するというものだ。その提案を聞いたときのことを健弥氏は「面白いなと思いました。そういう仕組みが作れるのなら、ぜひ取り入れたいと思いました」と振り返る。

IoTセンサー、IoTカメラを活用した もろみ管理の仕組み

だが、実現はそれほど簡単ではなかった。一番手こずったのが、「仕込みタンクの中心部と外側のそれぞれ浅いところと深いところの4カ所の温度を測定したい」という健弥氏の要求に応えるための温度センサーを設置する方法である。温度センサーをタンクの深いところまで沈めるためには、タンク上部から温度センサーを吊り下げる仕組みが必要になる。「最終的には酒蔵の作業台の足場を組んでもらった製作所に相談し、作ってもらいました」と健弥氏。櫂入れ作業の邪魔にならず、しかもセンサーが安定的に固定できるような仕組みを作るため、2ヶ月費や

● 図表 2-8　米を蒸す工程

したという。そのほかにも電波調査や LAN 配線敷設のための調査などに 1 ヶ月を要し、ようやくその年の 10 月から、温度センサーやカメラなどの IoT デバイスを使ったもろみ仕込み工程の管理が始まった。

　仕込みタンクを管理する仕組みは、ラトックシステムの「もろみ日誌 品温センサー」などと、NTT 東日本の IoT カメラ、IoT センサーで構成。また麹室にティアンドデイのデータロガー「おんどとり」を 1 個設置し、温湿度管理を行っている。これらの IoT デバイスが取得したデータは NTT 東日本のオンラインストレージに蓄積されることで、いつでもどこでも好きなときにデータや映像をスマートフォンやパソコンで確認できるようになっている。

実証実験はまだ続くが、すでに効果を実感

　今回のシステム導入は実証実験という形で実施されており、2019 年の 9 月末まで期間は設けられているが、6 月で一旦酒造りが終わるため、そこで効果を本格的に検証することになる。だが、今の段階でも導入効果は実感できているという。

　「好きなときにいつでももろみの状態が見られるので、安心できます。

● 図表 2-9　日本酒を絞るろ過圧搾機

それが最大の効果ですね」と健弥氏は微笑む。これまで1カ所だった温度センサーを4カ所に増やしたことによる効果について尋ねると、健弥氏からは「表面と深いところでは温度の違いがあると思っていましたが、櫂入れ後はほとんど温度の差がありませんでした。ちゃんときれいに混ぜることができているんだということが分かりました」と答えが返ってきた。

　また、ろ過室に設置した温湿度センサーの効果も期待される。ろ過室には藪田式と呼ばれるもろみ圧搾機が設置されている。この装置のアコーディオンのようにジャバラになった部分にもろみを流し込み、両端から圧力を加えることで酒を絞り、酒粕と分けることができる。このジャバラ部分の素材は布でできているため、安定した状態を維持するためには適切に温湿度を管理する必要がある。今までのところ、温湿度センサーの出番はそうなかったが、これから先、温湿度が変化する時期になると出番が増え、効果も期待できそうだという。

杜氏のノウハウを数値化し技術伝承が可能に

　こうして、蔵を離れ遠隔地にいてもリアルタイムでもろみの状態を監

第 2 章 「一杯で旨い酒」を造る！杜氏が蔵を離れる時も IoT でもろみの品質を管理

● 図表 2-10　寒梅酒造のシステム構成イメージ

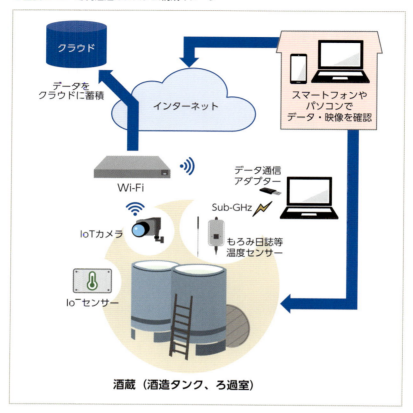

視できるようになったことで、もろみの品温管理を適切に行えるようになった。これが、このシステムを導入した一番の効果であることは間違いない。

　健弥氏が今後さらに期待することとしてあげたのが、もろみの発酵過程のデータが蓄積されることによって、次の世代への技術伝承が容易になることだ。「これまで酒造りは、経験と勘で行われてきました。私が継いだとき、データが何もないので、本当に手探りの状態から始めなければなりませんでした。しかしこのシステムを使えば、酒造りのノウハウが数値化されます。例えばねらった通りの酒ができたとき、また同じような酒を造りたいと思えば、そのときのデータを参考にすればよい。これま

で旨い酒を造るために、試行錯誤を繰り返してきましたが、これからはデータを分析すれば、品質改善のための試行錯誤の時間を短縮することもできるかもしれません。杜氏の育成にも役立つと思います」（健弥氏）

改善するポイントはまだまだある

実証実験後も継続して導入を予定しているが、「より効果的な仕組みにするには、いくつか改良したいポイントがある」と健弥氏は語る。第一の改善ポイントはバラバラに提供されている仕込みタンクの温度センサーと、CO_2センサーやIoTカメラ、温湿度センサーの管理画面を統合すること。「もろみの状態を確認すると同時に温度の確認ができるようになれば、より効率的に使えるようになります。ぜひ、実現してほしいですね」と健弥氏。

第二のポイントは、温度制御の装置との連携である。先述したように温度制御はタンクの周りに取り付けられた冷水が回るジャケットで行っている。「その制御もスマートフォンなどでできるようになれば、より安心感も増しますし、何より便利になります」（健弥氏）

第三のポイントは成分の値の入力を自動化することである。「もろみの発酵状態を知るため、日本酒度やアルコール度、酸度、アミノ酸度などのもろみの成分を分析しています。杜氏はこの分析データと温度、もろみの表面の状態を見て、温度の上げ下げの判断をするのです。そのため、今はこのデータを手で入力しているのですが、そういった分析データとも連携できるような仕組みができれば、より効果的になると思います」（健弥氏）

かつて、NTT東日本がヒアリングに来た際に課題としてあげた酒税の申告に関わる帳票作成の自動化についても、「これから取り組んでいきたい」と健弥氏は意気込む。実際に一部、データ化が進み始めているという。

業務を効率化して、従業員にとって働きやすい環境を整備していくことにも取り組んでいる健弥氏だが、やはり一番は、「一杯で旨い酒」「こころに春をよぶお酒」を造ることだ。「まだまだ品質を上げていきたい」と健弥氏は話す。1ヶ月かけてできるのは一つの酒。一升瓶にするとたった900本。その作業を8月から翌年6月までという期間で、何度も

第2章 「一杯で旨い酒」を造る！杜氏が蔵を離れる時もIoTでもろみの品質を管理

● 図表 2-11　寒梅酒造を代表するブランドとして銘打った「宮寒梅」

繰り返していくのである。その1回ごとの酒造りに丹精を込める。そしてできた酒は品質にこだわる販売店に卸すことで、おいしさとともに造り手の意図を消費者に届けてもらう。「とにかく品質を改善し、おいしい酒を造り続けることにこだわっていきたい。その結果、売上が拡大すればいいなと思っています」（健弥氏）

小規模な蔵を支え　日本酒造りを守る最良のツールに

　旨い酒造りを支援する、IoTセンサー、IoTカメラを使ったもろみの仕込み管理システム。同システムの活用が進めば、より多くの「旨い酒」造りのノウハウが数値として蓄積されるようになる。岩﨑夫婦には4人の子どもがいる。その中の1人が今後、蔵を継いでいくかもしれない。「特に期待はしていませんけど」と一瞬間を置く健弥氏。だが次の世代にノウハウが伝承できることは間違いない。
　近年、海外の一部の大都市を中心に「SAKE」ブームが起きている。寒梅酒造にも海外からの問い合わせが増えているという。そのブームをより一層拡大し、日本の食文化の歴史を担う日本酒を次の世代につなげ

寒梅酒造

るためにも、技術伝承を簡易化し、いかにして旨い酒を造るか考える時間を増やすことが肝要である。寒梅酒造のように経営と製造責任者を兼ねる小規模な蔵を支えるには、IoT センサーや IoT カメラを活用した今回の仕組みが欠かせない。日本の酒造りを守る、良きパートナーになりそうだ。

※　文中に記載の組織名・所属・肩書き・取材内容などは、すべて 2019 年 3 月時点（インタビュー時点）のものです。

○ まとめ

課題
- 社長が製造責任者（杜氏）を兼務。絶えずもろみの発酵状態が気になり、営業活動に集中できない状況があった
- もろみの仕込みでは、温度管理が非常に重要になる。複数箇所の温度を測定することで、より適切な管理がしたい
- 杜氏のノウハウを数値化し、技術伝承を容易にしたい

導入
- 温度センサーを仕込みタンクの中央部の浅いところと深いところ、周辺部の浅いところと深いところの 4 カ所に設置し、測定できるようにした
- IoT カメラはもろみの発酵の様子を動画で撮影する
- ろ過室には温湿度センサーを設置した
- 温度センサー、IoT カメラ、温湿度センサーで取得したデータをクラウドに蓄積、パソコンやスマートフォンで容易に確認することが可能になった

効果
- 外出していても、もろみの温度や表情の確認が可能になり、従業員に的確な指示が即座に出せるようになった
- 酒造りのノウハウが数値化され、蓄積されることで、技術伝承が容易になることが期待される
- 蓄積されたデータを分析して改善点を検討するなど、品質向上への貢献が期待できる

第2章 「一杯で旨い酒」を造る！杜氏が蔵を離れる時もIoTでもろみの品質を管理

> **インタビュー**

もろみの仕込みに重要な
温度状態をセンサーで確認
外出時も旨い酒造りを

岩﨑 健弥 (いわさき けんや) 氏
合名会社 寒梅酒造　代表社員　製造責任者

―― 酒造りにおいてどんな課題があったのでしょうか。

　日本酒造りにおいて、どの工程でも重要になるのが温度管理ですが、特にもろみの仕込み過程では絶妙なコントロールが必要になります。というのも日本酒は低温で長期発酵させることで、香り高い酒ができるからです。そのため、仕込み蔵の室温は6度から7度に保っています。ですが、もろみの発酵が進むと温度は当然、上がります。そのため、毎日、櫂入れというかき混ぜる作業を行い、浅いところと深いところの温度の均質化を図るのですが、本当にちゃんと混ざっているか、これまでは確かめる術がありませんでした。

寒梅酒造

　そして最大の課題が、私は製造責任者、いわゆる杜氏としての役割を担いながら、2年前から社長業も務めています。私たちは旨い酒を造り、ファンを獲得することを第一に考えています。ファン獲得のためのイベント出展や営業活動なども行いたいのですが、仕込みの状態が気になって、なかなかそういう時間を取りにくい状況が続いていたのです。

—— これまで外出の際には、どのような形で仕込みの状態を確認していたのでしょう。

　従業員にスマートフォンで画像や映像を撮ってもらったりして、確認していました。ですが、その時間、従業員は別の場所にいて、別の仕事をしていたかもしれません。そう考えると、このままの形を続けるのはよくありません。もっと効率的な形にしたいと思っていました。

—— そういう課題を抱えていたときに、NTT東日本からIoTセンサーやIoTカメラを活用した仕組みの提案を受けたのですね。

　話を聞いて、これは面白そうだと思い、実証実験に参加することにしました。現在、仕込みタンクの4カ所に温度センサーを付け、異なる4カ所におけるもろみ液の温度を測定、また上部にはIoTカメラを設置し、もろみの表情を撮影しています。
　さらにCO_2濃度センサーも設置しました。もろみが発酵する際に、CO_2を発生するのですが、濃度によってその状況が把握できるかもしれないと思ったからです。
　ろ過室には温湿度センサーを設置しました。ここには新酒を絞るための圧搾機を置いています。この機械の圧搾部分には布が使われているため、良好な状態を維持するための湿度管理も考えていました。

—— もろみの仕込みの管理にIoTセンサーやIoTカメラを活用したことで、どのような効果が得られていますか。

　もろみのリアルタイムの状態をいつでも好きなときにスマートフォンなどで確認できるようになったことで、安心して外出できるようになりました。仕込みタンクの温度が上がると、冷却する機能が付いているた

39

め、温度が上がりすぎるということはないのですが、逆に低くなりすぎる場合があるんです。そうすると発酵が遅れてしまい、やはり旨い酒にはなりません。IoT センサーや IoT カメラを使えば、外出していてもまるで蔵にいるときと同様のイメージで管理できるようになりました。ただ、惜しいのは温度ともろみの表情でそれぞれ異なる管理アプリが使われていること。それが統一されるとより使い勝手が上がると思うので、今後の改善に期待しています。

—— 今後の展望について教えてください。

　温度センサーや IoT カメラで取得したデータは、クラウドに蓄積されています。その蓄積されたデータはこれまで経験で磨かれ受け継がれてきた酒造りのノウハウが数値化されたもの。それを分析することで品質の向上、製造の効率化、技術伝承の簡易化に活かすことができるのではと考えています。私たちがめざしているのは「一杯で旨い酒」。そういう酒を造り続け、そのノウハウを次世代に伝えていく。今回のシステムは、ノウハウ伝承をサポートする優良なツールになると思います。

第3章

神奈川

在宅診療の時間を増やす！音声テキスト化とRPAで医療事務文書作成を効率化

渋谷在宅クリニック

音声認識技術とRPAで在宅医の医療事務文書作成時間を削減

渋谷在宅クリニック

　急速に高齢化が進んでいる日本では、各地で在宅医療・介護連携の充実・強化が図られている。しかし、医療の質を上げるためには、在宅医療に必要な各種医療事務文書の作成や介護関係者らとの情報連携に関わる業務の効率化を行い、さらなる医療時間の確保が必要となる。この課題に対し、渋谷在宅クリニックでは、音声入力システムとRPAを組み合わせた実証実験を行い成果をあげた。

プロフィール

渋谷在宅クリニック

所在地	神奈川県横浜市
診療科目	内科
診療形態	在宅診療、予約外来

地域包括ケアシステムでカギを握る 在宅医療の充実

　世界の中でも類を見ないほど、高齢化が急速に進んでいる日本。総人口に占める65歳以上人口の割合を示す高齢化率が21％を超えると超高齢社会と呼ばれるが、日本は2007年に21.5％となり[*1]すでに超高齢社会に突入している。現在の高齢化率は国民の約4人に1人の割合を超え3500万人超[*2]。75歳以上の人口も増加しており、特に今、危惧されているのが団塊の世代が75歳以上になる2025年以降である。2045年には平均寿命が100歳になるという予測もあり、誰もが100歳まで生きる時代では、医療や介護の需要がさらに増加することが見込まれている。そこで厚生労働省が進めている施策の一つが、地域の包括的な支援・サービス提供体制「地域包括ケアシステム」の構築である。

　地域包括ケアシステムとは、疾病を抱えていたり、重度の要介護状態となったとしても住み慣れた地域で自分らしい暮らしを人生の最期まで続けることができるよう、住まい・医療・介護・予防・生活支援が一体

●図表3-1　クリニックの1階ではデイケアも

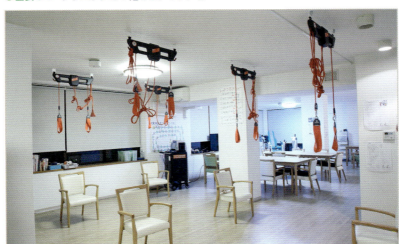

---

*1　内閣府「平成20年版高齢社会白書」
*2　内閣府「令和元年版高齢社会白書」

的に提供されるシステムで、2025年をめどに各市町村がその地域の特性に応じて構築を推進している。

　横浜市が進めているのが「横浜型地域包括ケアシステム」である。特徴は3つある。第一は地域ケアプラザを中心とした地域の特性に合致したきめ細かい取り組みの推進。第二がNPO法人やボランティアなどの市民活動と協働した多様な担い手による多様なサービスの展開。第三が健康寿命日本一をめざした健康作り・介護予防への取り組みである。

　この地域包括ケアシステムで重要になるのが、在宅医療である。在宅医療とは病院や診療所などの医療機関に患者が通って受ける医療とは異なり、医者が患者の自宅に出向いて行う医療である。医師は患者の同意を得て診療計画を立て、定期的に訪問診療を行い、また必要に応じて往診を行う。

　「私を含め、ほとんどの人は病院で死にたくないと思っています。それに反して8割以上の人が病院で最期のときを迎えています」。こう語るのは、横浜市鶴見区で在宅医療を展開している渋谷在宅クリニックの澁谷恭子医師である。

　澁谷医師が語るように、厚生労働省の人口動態調査（2017年）によ

●図表 3-2　高齢者や患者が気軽に集まる場を作り、地域医療につなげる

ると、死亡場所が自宅の割合は 13.2 ％、病院の割合は 72.9 ％となっている。だが、病院で最期を迎える割合は今後、減ることが予想される。増え続ける医療費を抑制しようと、政府は病院のベッド数の削減を打ち出しているからだ。政府の進める地域医療構想によると、高齢化のピークを迎える 2025 年の入院ベッド数は全国で 119 万 799 床としており、2015 年時点の 133 万床と比較すると、約 10.5 ％削減されることになる[*3]。つまり政府は入院医療から在宅医療へと切り替える方針を強く打ち出しており、在宅医療の普及がより重要な課題となっている。澁谷医師が拠点とする鶴見区でも、「介護予防」や「生活支援」「認知症対策」に加え、「在宅医療・介護連携」を行動指針として打ち出している。

在宅医が忙殺される医療事務文書の作成

　澁谷医師もそうだが、在宅医の日常は忙しい。医師 1 人あたりが診ている患者数は平均 50 人以上。澁谷医師も 30 人を担当しているという。もちろん、受付対応は 24 時間 365 日となる。診療時間に加え、患者宅を訪問するため、移動時間もかかる。

● 図表 3-3　高齢者・患者らのケアの場としてクリニックの裏の畑も活用

[*3]　読売新聞「ヨミドクター」2017 年 5 月 29 日

しかも澁谷医師を含む多くの在宅医が、病院のように看護師などを直接抱えることなく、訪問看護師や薬剤師、理学療法士、ケアマネジャー、ホームヘルパーなどそれぞれ別の組織に所属する職種の人たちと連携して動いているという。このようにそれぞれ異なる組織の職種が連携することで、バーチャルな病院が実現するわけだが、一つの組織ではないため、情報共有が難しくなる。そこが入院診療と異なり、在宅医療の難しいところである。

さらに医師の忙殺を後押ししているのが書類の作成だという。日々の訪問診療で必要になるのが、訪問診療記録、訪問看護指示書、処方箋などである。また在宅医療を希望する患者のために主治医意見書、ケアマネジャーに居宅療養管理指導情報提供書、薬剤師に訪問薬剤管理指導依頼書などを作成する必要がある。

こうした医療事務文書の作成に医師は結構な時間を取られている。訪問診療記録は事務所に戻ってきてからの作業になる。「例えば現場では血圧や体温の測定のほか、点滴をしたり、訪問看護士へ点滴指示を口頭で伝えたりします。訪問箇所が1箇所なら覚えていられるかもしれませんが、1日に複数箇所回るので、記憶が混同することがあります。そのため、手書きでメモをとり、それを電子カルテに入力することを行って

● 図表 3-4　臨機応変な対応を要する在宅診療では書類反映に多大な労力がかかる

渋谷在宅クリニック

います。しかしその間にもいろいろな連絡が入ったり、処方の疑義問い合わせが入ったりするので、メモをし忘れることもあります。その場合は同行していた訪問看護師に確認する作業が発生します。書類作成をするのに、1件あたり30〜40分ぐらいの時間がかかっていました」（澁谷医師）

情報連携基盤の構築は進んでいるが

　在宅医療の課題はそれだけではない。在宅医療の現場では立場の異なる医療や介護従事者と密に連携する必要がある。その情報連携の手段として連絡帳等が使われているのだが、今はまだ多くは電子化されていないため、日々の有用な情報も、数日後、または2週間後に患者宅に行かなければ入手できない。

　日本では医療分野における ICT 利活用に向けた取り組みの一つとして、EHR（医療情報連携基盤）構築を推進している。横浜市でも、「ICT を活用した地域医療連携ネットワークガイドライン」にもとづく、相互連携のハブとなる EHR を 2018 年度中に構築し、「地域医療・介護連携に実際に利用する事業：横浜市 EHR 構築支援補助事業」を公募。その事業に「横浜市鶴見地区地域医療介護連携ネットワークシステム構築事業」が採択された。鶴見区では 2017 年より、済生会横浜市東部病院を中心に、医療機関・介護施設などで情報共有をするネットワークを構築し、医療・介護連携のあり方を検討してきたという。

　この事業で構築されたのが「サルビアねっと」である。サルビアねっとは、鶴見区の住民が病院や介護施設、調剤薬局などを利用した際の医療・介護情報が、連携する施設間で相互に共有されるという仕組みである。共有される情報は、電子カルテ情報や医療機関の受診履歴、過去の薬の処方歴、検査結果、アレルギー情報など多岐にわたる。医療・介護連携がなされるので、日々の生活の状況や介護計画情報なども共有可能だ。また介護・医療スタッフ同士がコミュニケーションを取れるよう、チャットやメールなどを活用できるようにもなっているという。つまりこのサルビアねっとを活用すれば、従来までの紙の連絡帳は不要になる。

　このサルビアねっとの本格運用が始まったのは、2019 年 3 月。医療機関の運用もまだ始まったばかりだが、すでに参加目標施設数を達成。

47

第3章　在宅診療の時間を増やす！音声テキスト化とRPAで医療事務文書作成を効率化

● 図表 3-5　スマートフォンで録音した音声を自動でテキスト化

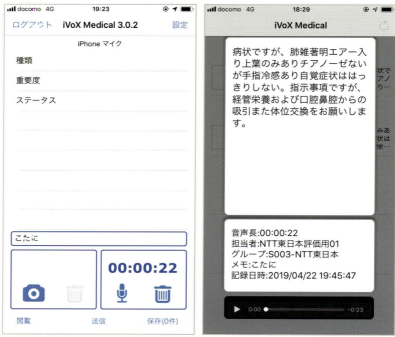

※　画面はイメージです

　しかし、介護施設の参加は伸び悩んでいるという。その背景には介護業界のICT化率の低さがある。ヘルパーが訪問介護した際に付ける訪問記録も紙が主流だ。これはヘルパーの年齢構成が40〜50代が主としていることも大きな要因だと思われる。その多くは子育てが終わってからのセカンドキャリア組で、ICT、なかでもパソコンに慣れ親しんできたわけでは、必ずしもないからだ。

　澁谷医師も「ヘルパーは忙しい上、体力も使う仕事。連絡帳の内容を入力するのは新たな負荷。パソコンに入力するなど、デジタル化をお願いするのは難しい」と語る。したがって介護の現場から届く情報は「ほとんどが電話とファックスなんです」という。澁谷医師は自身の携帯電話にかけてもらうようにしているが、気を遣って事務所に連絡をする人も多いという。「在宅医療は患者さんの家を中心に複数のスタッフが動き回っているので、モバイルの世界なんです。医療介護連携と言葉で言

渋谷在宅クリニック

うのは簡単ですが、情報連携はそう容易なものではありません」（澁谷医師）

訪問看護師、ヘルパー、ケアマネジャーとの情報連携にも課題

　このように在宅医療の実際の現場は、どうしても情報連携のリアルタイム性に乏しくなる傾向があると澁谷医師は指摘する。患者一人あたりの医師の訪問は月2回なので、日ごろの患者の様子は家族やホームヘルパー、訪問看護師が診ることになる。その情報については患者の自宅に置かれている連絡帳に記載される。

　何も問題がなければそれでよいのだが、「小さなことでも、異変の情報はなるべく早く欲しい」のが医師の立場。連絡帳に書かれたとしても、医師がその情報を見るのは、次に患者宅に訪問したときになるからだ。また重大な異変が現場で起こったとしても、ヘルパーは一旦その情報を上司またはサービス提供責任者に上げ、サービス提供責任者からケアマネジャー、医師へと伝えられる。このように複数の人、組織を経由することになるので、どうしても情報連携のリアルタイム性に欠けてしまうのである。

　リアルタイムに情報を把握できないことは、在宅医の業務負荷も増や

● 図表 3-6　RPA により電子カルテに入力された内容の例

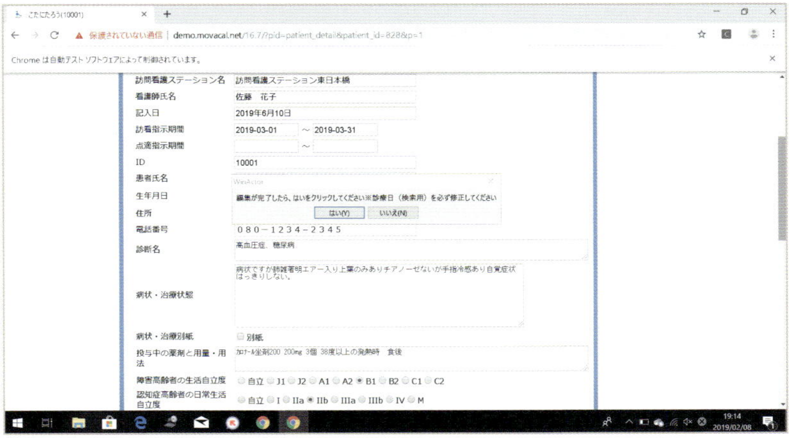

※　画面はイメージです

すことになる。処方箋作成業務はその一つだ。澁谷医師は薬局に調剤を取りに行くという患者の負担を減らすため、事前に処方箋を作り、調剤をしてもらってから患者宅に向かう場合もあるという。だが、実際に患者を診ると、薬の処方を変えた方がよいケースが多々起こる。「その場合は、手書きで処方箋を修正し、薬局に連絡をして新たに調剤してもらう」ということになる。そうなると、薬局の調剤録と処方箋の内容を合わせるため、事務所に戻ってから電子カルテで処方箋の修正を行わねばならない。だが多忙なあまり修正が漏れることもある。すると審査支払機関から疑義照会が行われ、その返戻コストが発生する。「修正漏れなく、電子カルテに反映することを補完するような仕組みがあると便利だなと思っていました」（澁谷医師）

事務作業を効率化し医療品質の向上へ 音声認識と RPA を導入

　書類作成をはじめとする医療関連事務作業に時間がかかるということは、それだけ医療そのものに専念する時間が減るということ。それは医療品質の低下にもつながる。書類作成に要する時間を削減し、医療品質のさらなる向上を図る。これを実現するため、2018 年夏に NTT 東日本が提案したのが、音声認識技術と RPA を組み合わせることで、訪問診療記録などの指示・報告文書作成を効率化するというソリューションである。

　音声認識技術として採用したのが、アドバンスト・メディア社の「AmiVoice」である。アドバンスト・メディア社は音声認識技術の領域で 20 年以上を超える経験とノウハウを持っており、医療をはじめ、金融、自治体、製造、建設など、幅広い業種の専門用語に対応する音声認識エンジンを開発している。また RPA は NTT グループが開発し、すでに 4000 社以上（2019 年 9 月末）に導入されている「WinActor」を採用した。

　使い方は簡単だ。スマートフォンのマイクに向かって、診察や処方した内容を音声で話すだけでよい。そうすると、AmiVoice がそれをテキスト化し、サーバーに保存する。その後 RPA の実行によって、過去の診療記録の内容を抽出し、音声入力された内容と合わせ、訪問看護指示

渋谷在宅クリニック

● 図表 3-7　RPA の画面に表示されているシナリオ

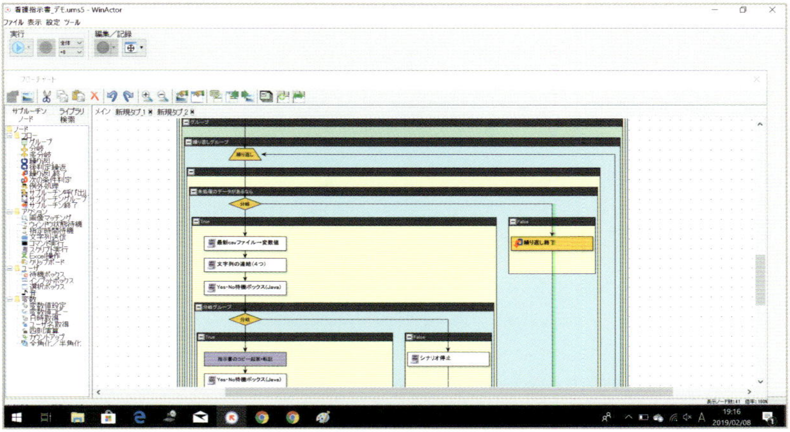

※　画面はイメージです

書などの書類に転記してくれるため、音声による記録だけでなく文書の作成自体を支援してくれるのだ。

　加えて RPA を採用した大きな優位点としては、電子カルテ等の環境はそのままでよいこと。後は正しく入力されているか、医師がチェックするだけである。

　「音声認識の精度にも満足しています」と澁谷医師。誤変換はほとんどないが、たとえあったとしてもテキストを見れば類推できるので、「書類作成に要していた労力が大幅に削減されました」と満足そうに語る。万一、テキストを見ても類推できない場合は、現場で入力した音声そのものを聞き直すことができる仕組みになっているので誤りを防ぐことができる。

医療文書作成時間を大幅に短縮できる

　このソリューションを使った実証実験を 2019 年 2 〜 3 月に実施した。訪問診療記録の文書作成にかかる時間は、従来が入力に 35 分、確認に 30 分かかっていたところ、導入後は入力 15 分、確認 10 分と約 60％の削減が実現したという。またその他の医療文書の作成についても平均約 30％の時間を削減できるようになったという。これによって、渋谷在宅

クリニックでは 5 人の新規患者の受け入れが可能になるという。

　もう一つの課題だった、処方箋の修正を確実にするためのソリューションとしても、澁谷医師は「大きな効果を期待している」という。これまでは処方箋を手書きで修正し、その内容をメモに取っていたが、音声入力により手書きする手間がなくなる上、テキストで電子カルテに反映されるので、修正忘れがなくなるからだ。

　実はこの処方箋修正忘れは、澁谷医師など在宅医だけの問題ではない。審査支払機関の記載不備などの処方箋疑義照会は、年間約 1500 万枚もの発生が推測されるという[4]。つまり今回のソリューションは審査支払機関の返戻コストの抑制により、社会保障費の低減にも大きく貢献できる可能性を持っているというわけだ。

　そのほかにも備品発注などの備忘録としても活用を検討している。澁谷医師は「RPA と連携されていなくても、音声のテキスト化だけで効果がある」と言う。

ヘルパーや訪問看護師などにも活用を広げる

　今回の実証実験では、澁谷医師など医療従事者のみを対象としたが、このソリューションは地域包括ケアシステムにおける情報共有をより容易にするためのものとして活用できる。「ヘルパーさんなどを抱える訪問看護事業者にも活用を広げていきたい。今年はそのための実証実験を行う予定です。日々、患者さんに接しているヘルパーさんから得られる情報は、私たち在宅医にとって重要だからです。このソリューションによって、介護の世界の ICT 化が進めば、医療・介護連携がより容易にできるようになります。結果、在宅医療の品質をさらに上げられると期待しています」と澁谷医師は語る。

　入力の手間や情報機器操作の不慣れをカバーするこのソリューションが介護業界に広がれば、RPA で介護記録データを作成し、それを AI で学習させることも可能になる。これが実現すれば、いずれヘルパーが訪問した日に必ず記載する訪問記録の自動化も進んでいくだろう。さらに、鶴見区で医療・介護情報の連携を目的に用意されている「サルビア

---

[4]　公益社団法人日本薬剤師会「平成 27 年度全国薬局疑義照会調査報告書」より推計。診療所処方箋発行数 5.9 億枚 / 年に、疑義照会および記載不備の率（2.56％）を乗算

●図表 3-8　渋谷在宅クリニックが行った実証実験のシステム構成図

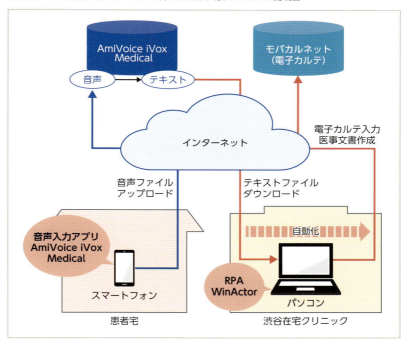

ねっと」の活用・普及につながり、有用な介護情報等の蓄積がなされていく。そのようになると、医療・介護連携がより進み、各施設従事者間で患者のリアルタイムに近い情報を共有できるようになるだろう。

映像を活用したソリューションの検討も

　またもう一つ、澁谷医師が今後の在宅医療の品質向上に欠かせないと考えているのが映像の活用である。「お互いに顔を見て話せることで患者さんも私たちも安心感がとても増します」という。

　澁谷医師の言う映像の活用は、このような遠隔診療に役立つだけではない。在宅医療を活用している人の多くは高齢者だ。内閣府の「令和元年版高齢社会白書」によると、65歳以上の者のいる全世帯の約半分が単独世帯もしくは夫婦のみの世帯になっているという。国立社会保障・人

口問題研究所が公表した推計によると、今後、65歳以上の独居高齢者の割合が増え、2040年には全世帯に対する割合が17.7%になり、この増加傾向は今後も続くと予想されている[5]。

　また独居ではなくても高齢者夫婦のみの世帯も増える傾向にある。子どもと住んでいる世帯も、「子どもたちは働きに出ているので、昼間は独居に近い状態になる」。厚生労働省の「人口動態調査」の調査情報によると、毎年約3万人の高齢者が不慮の事故で死亡しているという。その中でも「誤嚥等の不慮の窒息」「転倒・転落」「不慮の溺死および溺水」は交通事故での死亡者数よりも増えているという。また東京消防庁の緊急搬送データによると、高齢者の緊急搬送者で最も多いのが、「転倒・転落」によるものだという。澁谷医師も「夜トイレに行く際によく転倒していることが分かりました」と語る。実は今回の実証実験では3人の患者に協力してもらっている。その患者宅に動体検知ができる見守りカメラを設置し、その効果についても確認をした。特に効果を感じられたのが夜間の見守り。夜間の様子を澁谷医師が見たところ、全員がトイレに行く際に転倒することがあったという。「これも見守りカメラがあったから分かったことです。もしカメラがなければ、夜間に転倒していることに気づけませんでした。映像は認知症のエビデンス（証拠・根拠）としても使えるので、今後、非常に大事なツールになると思います」（澁谷医師）

　また、認知症の症状の確認は非常に難しいという。本人による申告は期待できない。家族からヒアリングしても、夜間の情報が得られないことが多い。そこで澁谷医師が活用したいと考えているのが、映像である。「映像で夜、歩き回ったりしている姿が映っていたとします。そうするとこれが症状のエビデンスになる。今は映像を使った高齢者を見守る仕組みがたくさん出ています。そういう見守る仕組みに、転倒などした際は訪問看護事務所や在宅医などにアラートが飛ぶような機能を付けることができれば、より患者さんにとって自宅が安心・安全な医療・介護の環境になると思うんです」（澁谷医師）

　今後ますます高齢者の割合は増える。私たちが住み慣れた街で安心・安全に自分らしく最期まで生きるためには、24時間365日対応の在宅

---

[5]　国立社会保障・人口問題研究所 人口構造研究部「日本の世帯数の将来統計（2019年推計）」

医療・介護の充実、品質向上は欠かせない。その一方で、高齢患者を診る医師は不足していく。そのギャップを埋めるためには、ICT の活用が欠かせない。今回の音声認識技術と RPA を組み合わせたソリューションによる実証実験はほんの小さな一歩だ。しかし、横浜市がめざす地域包括ケアシステムの実現へ向け、着実な一歩になったことは間違いなさそうだ。

※　文中に記載の組織名・所属・肩書き・取材内容などは、すべて 2019 年 7 月時点（インタビュー時点）のものです。

まとめ

課題

- 在宅医として多くの患者を診ており、患者の家族へのケアに加え、他の組織との連携も行う必要があるため、非常に多忙
- 手書きでメモを作成し、事務所に戻ってから事務作業をするため、医療事務文書の作成に時間がかかっていた
- 記憶に頼ることも多く、指示した内容などを同行者に確認することでさらに負荷がかかっていた

導入

- 音声認識技術と RPA を組み合わせ、処方した内容などを自動で電子カルテに入力
- 誤変換などがないか、入力をチェックするだけで、訪問診療記録などが完成
- 動体検知機能を持つ見守りカメラも設置

効果

- 訪問看護指示書等、訪問を伴う文書の作成については約 60％稼働時間を削減。その他の医療文書についても約 30％削減
- 処方箋の修正忘れを防止でき、審査支払機関の返戻コストの抑制を実現
- 見守りカメラにより、患者、医師双方に安心感を提供。動体検知機能により、これまで分からなかった夜間の行動などについても把握ができた

第3章　在宅診療の時間を増やす！音声テキスト化とRPAで医療事務文書作成を効率化

インタビュー

書類作成の時間を削減、効率化し医療品質の向上を図りたい

澁谷 恭子（しぶや きょうこ）氏
渋谷在宅クリニック　院長

—— 在宅医療を行う上でどのような課題があったのでしょうか。

　日本政府が「地域包括ケアシステム」の構築を進めています。地域包括ケアシステムは、可能な限り住み慣れた地域で、最期まで自分らしい暮らしをするための仕組みです。

　この仕組みを構築する上で、カギを握るのが在宅医療の質の向上です。在宅医は煩雑な作業も抱える毎日を過ごしています。現場では患者さんらとの対話時間を重視し、パソコンなどへの入力は控え、例えば診療内容についてはメモを書き、事務所に戻ってきてから電子カルテに入力するということを行っていました。ですが、メモを取り忘れると記憶に頼るしかありません。記憶が曖昧な場合は、同行していた訪問看護師

渋谷在宅クリニック

に診療内容を確認することも発生していました。書類作成に時間がかかってしまうと、それだけ患者さんに向き合う時間も減り、医療の品質も下がってしまいます。なんとか書類を作成する時間を削減し、医療品質の向上を図りたいと思いました。

またもう一つ、改善したい課題がありました。私は患者さんの負荷を減らすため、事前に処方箋を作成し、調剤されたものを持って患者宅に伺っています。実際に患者さんに会って診断すると、違う薬を処方した方がよいケースもあります。以前に調剤した薬が残っているケースもある。そういうときは、処方箋を手書きで修正し、新たに調剤してもらうのですが、その修正内容を電子カルテに反映し忘れることがあるんです。そうすると審査支払機関の疑義照会により、返戻コストが発生します。これらの課題をICTで解決したいと考えました。

—— そうした課題を解決するために、どのようなソリューションを導入したのでしょう。

NTT東日本の担当者と議論し、まず訪問診療記録などの指示・報告文書作成の効率化に取り組むことにしました。そこで活用したのが音声認識技術「AmiVoice」とRPA「WinActor」を組み合わせたソリューションです。これまで手書きでメモしていたことを、スマートフォンを使って音声入力すると、AmiVoiceによりテキスト化、RPAにより電子カルテに入力されるというものです。音声入力方式なので、患者宅で邪魔にならず移動中の時間も使えます。

今回は私たち在宅医の書類作成時間の効率化、また処方箋の修正漏れを解決するための導入でしたが、将来的には訪問看護師や薬剤師、理学療法士、ケアマネジャー、ホームヘルパーなどの職種にも広げていきたいと思っています。というのも地域包括ケアシステムの質の向上には、これら異なる職種の人たちとの迅速な情報連携が不可欠だからです。ですが、介護業界はICT化が遅れており、ヘルパーさんの中にはパソコン入力を得意としない人もたくさんいます。そういう人でもスマートフォンによる音声入力であれば、負担にはなりません。私たちにとってはもちろんですが、将来的にさまざまな職種の人たちに使ってもらえるという意味でもマッチしていると思いました。私は将来的に在宅でも病

院と同等か、それ以上に質の高いサービスを提供できるのではないかと
考えています。

—— 導入効果について教えてください。

　思った以上の効果でした。音声認識技術だけでも相当の効果でした
が、RPAまで組み合わせたことで文書作成に要していた時間を大幅に
削減できました。また処方箋の修正し忘れについても、今回の仕組みに
より是正できると思います。これまで審査支払機関の疑義照会に要して
いた返戻コストの抑制にもなります。これにより社会保障費低減にも貢
献できるのではと期待しています。

—— 今後、在宅医療の品質を向上させるために期待していることについて教えてください。

　先ほども言いましたが、今回は医療の品質向上を目的に、在宅医の業
務を効率化することに取り組みました。在宅医療の充実を図るには、ま
だまだICTの導入が必要だと考えています。

　例えば、今回の実証実験の期間に、患者さんの協力を得て、見守りカ
メラも試してみたのです。私は以前、東北の過疎地域を対象に遠隔診療
システムを使った予防医療に取り組んでいたこともあり、ICT機器を
通してでも実際に顔を見て話せると、お互い安心感につながることを経
験していました。今回、設置したカメラも含め、最近の見守りカメラに
は動体検知機能が付いています。その機能を使い、転倒したらアラート
を上げるような仕組みを作れれば、より安心・安全な在宅医療・介護が
実現します。映像の積極的な活用にも取り組んでいきたいですね。

　もう一つが、先述したように薬剤師、理学療法士、ケアマネジャー、
ホームヘルパーなどそれぞれ別の組織に所属する職種の人たちとリアル
タイムに情報連携できる仕組みを構築することです。横浜市鶴見区には
「サルビアねっと」という情報共有基盤がすでに構築されています。音
声認識技術とRPAの仕組み、さらにAIを上手く活用して、必要な人
に必要な情報をなるべくリアルタイムに伝えられる仕組みができればい
いですね。そうすれば住み慣れた地域でより安心・安全に最期まで過ご
せるようになると思います。

第4章

北海道

お客さまを待たせない！
店舗や施設の空きが
ひとめで分かるIoTを導入

大丸札幌店

第4章 お客さまを待たせない！店舗や施設の空きがひとめで分かるIoTを導入

店内施設の混み具合を IoTでリアルタイム表示 百貨店で過ごす 特別な時間の魅力を高める

大丸札幌店

　経済の低迷が続き消費者の購買行動が大きく変化する中で、流通・小売業界においても新たな戦略が求められる時代になってきた。関東以北で最大級の規模を誇り長い歴史を持つ大丸札幌店は百貨店の価値である「店舗における買い物」の体験価値を高めるため、ICTを活用したさまざまな取り組みを進めている。その施策の1つが、店内の飲食店や休憩スペース、トイレなど複数施設の混み具合を、各フロアのサイネージにリアルタイムに表示する「空席情報配信サービス『VACAN』」だ。この取り組みが「スマート百貨店」として評判を呼んでいる。

プロフィール

株式会社 大丸松坂屋百貨店

事業内容	百貨店
本店所在地	東京都江東区
商号変更	2010年3月1日
大株主および持株比率	J・フロントリテイリング株式会社 100%

大丸札幌店

快適な「店舗体験」のため
お客さまの感じる"不"を取り除く

　かつては特別なショッピングを楽しむ場として「小売業界の王様」とも言われた百貨店。しかし、近年の売上動向を見ると、1991年をピークに業界の市場規模は縮小傾向にあり、インバウンド好況や当初のアベノミクス効果による一時的な高額商品の購買額増大などはあったが、年を追って状況は厳しくなっている。

　背景には、バブル期以降の長期の景気低迷による消費減退に加え、カテゴリーごとの専門店やショッピングセンター、コンビニエンスストアなど新たな小売業の台頭、そして何よりネット通販の普及の影響があると考えられる。地方での経済環境は都市部に比べても厳しいものがあり、各地で多くの有名百貨店の撤退が相次いできた。

　こうした百貨店業界の不振の中で業界再編成が進み、大手百貨店グループを中心に新たな時代の消費を牽引するべくさまざまな取り組みが進められている。業界上位に位置するJ・フロントリテイリングの百貨店部門である大丸松坂屋百貨店の「大丸札幌店」もまた、ICT活用をはじめ積極的な施策を展開することで、百貨店の新たな魅力の創出に取り

●図表 4-1　デパート入口の総合サイネージ

● 図表4-2　カフェ（左）や駐車場等の施設（中央）、トイレ（右）の空き状況がスマートフォンなどからもひとめで分かる

組んでいる。

「小売としてICTの活用は重要なビジネス戦略であることは間違いありません。その活用先として、SCMなどによる品揃えやオムニチャネルの推進など考えるべきテーマは多々ありますが、とりわけ店舗での体験をより楽しく快適なものにすることは最も大きな課題の1つです。さまざまな流通・小売業態がある中で、やはり百貨店の強みは『店舗の魅力』にあると思います。その魅力を高めるためにも、お越しくださったお客さまをどうおもてなしするのか、真摯に考え続けています」

大丸札幌店 営業推進部 店づくり担当スタッフ 佐藤隆氏は、これからの百貨店の可能性について、こう語る。

確かに男女を問わずショッピングは楽しいものだ。目を引くディスプレイや丁寧な接客は気分を高揚させ、気になっていたものを実際に手に取って試したり、意外なモノとの新しい出会いがあったり、一種のエンターテインメントとして楽しむ人は多いだろう。そうした「売り場の魅力」にあふれた場として、長らく百貨店は多くの顧客に愛されてきた。そこには、利便性や品揃えという点において勝るオンラインショップには到底真似のできない「リアル」の強みがあり、コンビニエンスストアや量販店にはない、非日常的な「特別感」がある。

とはいえ、だからこそ"ちょっとした不便"が気になるというのも、必然と言えるだろう。日常的によく行くショッピングセンターでちょっとした問題に遭っても気にならないが、少しだけ特別感や高揚感を持って行く百貨店で何かあると、かなりがっかりした気分になってしまうこともある。

「常に気持ちよくお買い物ができるよう、できるだけお客さまの声を拝聴し、それに応えるように努力してきましたが、実はちょっとした不満や不安は投書などでもいただくことがなく、ネガティブなご意見はなかなか顕在化しにくいものなのです。そこで、私たちが自らお客さまの立場、目線になって考え、先回りして『不便』『不安』『不具合』など、お客さまが感じられるであろう"不"を取り除くことを考えました。その取り組みの1つが『お待たせしてしまう』という問題を取り除くことでした」

店舗の周遊を快適にするため空席情報を提供

大丸札幌店でも、やはり週末や休日、年末や夏休みといったシーズンともなると来客が急増し、店舗内のいろいろな施設で待ち時間が生じてしまう。しかも、そうした状況は、その場に行ってみなければ分からない。すると、混雑を予想してそもそも行くのを諦めてしまう人も少なくない。

「レストランなど上の方の階まで上がってみて混んでいれば、がっかり感が増しますし、そうした体験を一度でもすると『今日は混んでいるだろうから、行くのをやめよう』という気分にもなるでしょう。トイレなどもそうですよね、空いていると思って行ったのに混んでいたらイライラも増しますし、それまで楽しく買い物をしていた気分を損ねてしまう可能性があります」

そこで、大丸札幌店では顧客の行動を改めて観察し、「お待たせしてしまっているところ」「空いているか、混んでいるかが分かるとうれしいもの」などを洗い出し、店内でショッピングを楽しむ際にボトルネックとなりがちなところとしてマークした。そして、「各階のカフェ」や「レストラン街」のほか、「休憩スペース」「駐車場」「ベビーカーの貸出」「トイレ」「授乳室」「免税カウンター」「クローク」「ギフトセンター」

第 4 章　お客さまを待たせない！店舗や施設の空きがひとめで分かる IoT を導入

●図表 4-3　8 階のビュッフェ前にできる行列はカメラで認識する

などがあげられた。
「もちろん、混雑を緩和するために施設を拡充できればいいのですが、スペースや費用の問題もあってそう簡単にはいきません。しかし、混雑そのものは回避できなくても、あらかじめ状況が分かれば『先にあそこに行っておこう』とか、『空いているところを利用しよう』というように、お客さまがスムーズに動ける方を選択いただけるでしょう。すると結果として、待ち時間を回避することができ、混雑緩和にもつながります」
　そこで大丸札幌店が新サービスの候補としたのが、IoT と AI（人工知能）を活用して空席情報配信サービスを行う IT スタートアップ「株式会社バカン」の「空席情報配信サービス」だった。
　バカンは「ありとあらゆる空席情報を集めて提供すること」にこだわり、IoT、AI など分野を限定することなく最新技術を投じてさまざまなソリューションを実現してきた。もとは 2016 年頃からオフィスのトイレ問題を解決するために独自のセンサーを開発し、後に AI やサイネージなどを組み合わせるようになり、「空席情報配信サービス」としてソリューション提供を行っている。実用化においてはさまざまな企業とともにアクセラレータープログラムとして取り組みを進め、知見を蓄積してきた。そのバカンとの出会いが、構想を進める大きなきっかけとなっ

64

たという。

「2018年春頃に、2018年8月から大丸東京店で飲食店の混雑具合について情報提供が始まると聞き、そこでバカンのシステムのことを知りました。早速ソリューション導入の依頼をしたところ、『店舗以外の混雑緩和についての準備が必要なこと』『バカンは東京の会社であり、札幌での運用・メンテナンスの面で機動力に不安があること』などがあげられ、NTT東日本と一緒に提案を行いたいとお返事をいただきました。当方としては、NTT東日本ならインフラなどもまとめてみていただけますし、安定したサービスに安心感がありましたから、異存なく提案をお願いしたというわけです」

　NTT東日本には、バカンによる提供が難しい部分、つまりカメラやセンサーなどハードウェアのメンテナンス・保守、そして安定性の高いネットワークを他のシステムも含めて一括して管理できることが期待された。さらに、ユーザーとのコミュニケーションを得意とし、そのニーズや課題を把握するコンサルテーションに長けていたこともプロジェクトの大きな推進力になったという。

● 図表 4-4　6階の「グリーンパティオ」に設置されたカメラで空き状況を自動検知

IoT や AI で状況を把握し、リアルタイムで情報を提供

　大丸札幌店ほかで導入された「空席情報配信サービス」の仕組みは、概念的にはとてもシンプルなものだ。特定の場所の状況を「センサー」や「ライブカメラ」「人の手入力」などで把握し、その情報を、Wi-Fi を活用してデータとしてクラウド側に集め、AI で分析し、設定された方法によってメッセージ情報に変え、サイネージや Web 画面へ配信するというものだ。

　まず状況把握については、それぞれ把握する対象が異なるため、空席・混雑情報を何で収集するかがポイントとなる。例えば、休憩スペースでは椅子に人が座っているかどうかを「カメラ」で撮影し、埋まっているかどうかを判断して、混雑具合を決定する。その際、光の具合や撮影範囲などで状況の判断基準がぶれる可能性もある。大丸札幌店では、3 階のフードホール、6 階の休憩スペース『グリーンパティオ』などにカメラを設置。実証実験の際のデータをもとに調整を行うことで、それぞれ明るさや範囲など環境が違っても、スムーズに情報検知することができた。

　また、各フロアにある飲食店舗のレストラン、カフェなどについては、カメラで空き状況を自動的に一律に判断するだけではなく、手入力で情報を上書きする「オーバーライド機能」で調整も行えるようにした。これは店舗側から、人が混雑具合を判断してお客さまへ適切な情報発信ができるようにもしたいという要望があったことから追加された。

　例えば、カメラで撮影したデータが常に満席である場合、収集した情報にもとづいて単純に「満席である」と表示を出しっぱなしにするのではなく、「(満席だけど) もうすぐ空きそう」とか、「(満席でしばらく入れなそうなので) 次回用のクーポンの案内を出す」など、人の手による情報提供を行えるようにしたのだ。たとえ混んでいるときであっても、どのような"おもてなし"ができるか。おそらく有能なスタッフなら、満席の際でも「気持ちよく待ってもらえる」「次回に来たいと思ってもらえる」ように、工夫して対応するだろう。それをできるだけシステムに盛り込もうというわけだ。

　とはいえ、操作自体は容易だ。忙しい中でも迅速に対応できるよう

● 図表 4-5　トイレのドアに設置したマグネットセンサーで開閉を検知

に、スタッフが状況を判断したら、手元のスマートフォンやタブレットなどで画面のボタンを押すだけで反映できるという簡単な仕組みになっている。改めて研修などを受ける必要もなく、スタッフもすぐに慣れて使いこなせるようになったという。

　佐藤隆氏は、こうした細やかで柔軟な設定について、こう語る。
「お店からの要望もありましたが、人がいるところについては人力による柔軟な情報提供を行い、人では対応することができないところにはカメラを設置する仕様にしました。いずれも共通の仕組みの上で違和感なく動いていますが、今後は飲食や小売でも人材不足の時代を迎えると言われています。そのときに慌てずにサービスレベルを保つためにも、人は人にしかできないところに注力し、AIやIoTなどのテクノロジーでできることはテクノロジーに任せることを徐々に進めていきたいと考えています」

　「VACAN」には混雑に応じて表示を最適化するVDO（Vacant-driven Display Optimization）という特許技術が用いられており、人手によらずクーポン等を表示させることも可能だ。

　なお、人が常駐しているわけにはいかず、かと言ってカメラが取り付けられないところ、地下1階から8階までの男女すべての「トイレ」と

「授乳室」については、IoT センサーによって情報収集が行われている。

　まず、トイレについては各個室のドアにマグネットセンサーを設置。ドアの開閉情報を無線で集約機に飛ばし、トイレがふさがっているか、空いているかの情報収集を行う。ドアの開閉のみでは使用中か判断が付かない多目的トイレには、マグネットセンサーと人感センサーを使って、空間の空き状況を判断できる方式を使う。

　授乳室については、人の存在を検知する人感センサーを設置し、やはり同様に無線で情報を送信する。

「空いていること」を効果的に伝え施設回転率・売上とも向上

　各施設から集められたデータはクラウドに集約され、AI による判断を経て、それぞれの情報が Web サイトに表示される。パソコンやスマートフォン、タブレットなどから閲覧できるので、各施設の空き状況を離れたところからでも閲覧できるというわけだ。さらに店内の 25 カ所に配置されたデジタルサイネージにも表示されており、来店者もひとめで情報を把握できるという仕組みになっている。

　またデジタルサイネージに表示された QR コードを自分のスマートフォンなどで撮影すれば、情報を手元で見ながら店内を動き回ることもできる。混雑している時間を回避したり、空いている店を見つけて入店したりするなど、スムーズな店内移動が可能になった。

　こうした結果として、施設の稼働率が上がり、特にカフェでは 4 〜 5% の売上アップにもつながったという。

「混雑が昼か夕方のみに集中するレストランよりも、終日回転しているカフェの方が伸び率は大きかったですね。『混雑しているからやめておこう』という方より、『混雑していると思っていたけど、タイミングよく空いているから寄っていこう』という方が多く、効果が短時間で出た結果なのだと思います。消化仕入れ型の百貨店としては実利益も上がり、大きな成果につながりました」

　2018 年 12 月 1 日に稼働し、その後数ヶ月で売上に直結する成果が上がっていることが明らかとなったが、佐藤氏は「これからが本番」と語る。「ICT を導入するメリットの 1 つは、やはりデータが取れることで

●図表 4-6　空き状況の表示は店舗のタブレット等から簡単に手入力することもできる

しょう。今後は分析したデータを活用して人員配置や時間別の調整など、さまざまな最適化につなげ、より高い効果へとつなげていきたいと思っています」

未来のスマート百貨店を思い描き「攻めの IT」を推進

　飲食スペースから、トイレやクロークや、駐車場まで店舗の隅々に行き届いた取り組みは、百貨店としては日本初とも言えるだろう。しかし、いくらお客さまのためとはいえ、費用対効果が簡単に数値化できるわけではないので、空席情報提供のためだけに思い切った投資をするのは難しいはず。今回、新しい施策を大胆に行うことが可能になった理由の1つは、「デジタルサイネージ導入」のタイミングと重なったからだという。
「デジタルサイネージの導入は以前から検討されていましたが、ようやく技術と価格が追いつき、投資に見合うリターンが見込めるようになってきました。高額だった配線工事を Wi-Fi を使うことで安価にできるようになったためです。そこで、ちょうど開店 15 周年ということもあり、店舗を快適な買い物空間とするための施策として導入が決定したので

●図表4-7　空席情報配信サービスのシステムイメージ

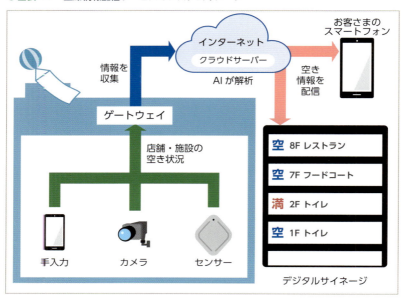

す。デジタルサイネージの導入によって、印刷する紙と違って情報の差し替えが簡単になり、多言語対応も容易にできるようになりました。しかも広告を掲載することで販促効果も得られます。デジタルサイネージの導入としてはそれだけでも十分ながら、どうせ導入するのなら、もっとほかの百貨店にはないような付加価値を提供したいと考えました。それで『空席情報提供のソリューション』も並行して進めていったというわけです」

　こうした「攻めのIT」が可能になったのは、佐藤氏が店舗リニューアルの担当を担っていることも大きかったと思われる。「苦情を処理する」という後ろ向きの考えではなく、売り場やブランドの営業部門と相談しながら進めていく取りまとめ役として「新しい魅力にあふれた売り場とは？」を常に考えてきた。それが「未来のスマート百貨店」への推進力になり、フロア案内板を「紙からデジタル」に、店舗案内を「人手からICT活用でリアルタイム」にという発想につながってきたと言える。

　サイネージの導入で、各フロアにある催事案内などの紙のポスターは消え、スピーディーに情報が変えられるようになり、しかもポスターを

大丸札幌店

張り換えて歩く労力とコストは劇的に圧縮された。加えて、地元企業からのサイネージへの広告出稿も始まり、収入を得ることができるようになった。まさに攻めのIT と言えるだろう。

「世の中にないものについては、お客さまからのご要望としてあがってくることは、ほとんどありません。だからこそ、私たちが先回りし実現して初めて、『そうそう！こういうのが欲しかったの』と喜んでいただけると考えています。すでに上がっている声に対応するだけでなく、潜在的に不便、不満に思われていることを先回りして解決し、提案していくことが大切なのではないでしょうか。ネットでも購入できる時代に、あえて店舗に足を運んでいただけるのですから、最大限に楽しんでいただきたい。そのためにもICT を上手く活用し、その価値を最大化することを意識していきたいと考えています」

※　文中に記載の組織名・所属・肩書き・取材内容などは、すべて2019年3月時点（インタビュー時点）のものです。

○ まとめ

課題
- "ちょっとした不便、不満"を先回りして取り除きたい
- 混雑を予想して行くのをやめようというお客さまを減らしたい
- 他の百貨店にはないような付加価値を提供したい

導入
- 店内の案内をデジタルサイネージに移行し紙のポスターをなくす
- カメラやセンサー、手入力などで店舗、トイレ、施設の状況を掴む
- 「空席情報配信サービス」が混雑を分析してリアルタイムで Web に配信し、デジタルサイネージ、スマートフォンなどに表示する

効果
- 来客が空席情報を把握してスムーズに店内移動できるようになり、施設の稼働率が上がって売上アップ
- サイネージの導入によりポスターを張り換える労力とコストは劇的に圧縮。広告収入も得られた
- 分析データを活用し人員配置や時間別の調整などさまざまな最適化へ

第 4 章　お客さまを待たせない！店舗や施設の空きがひとめで分かる IoT を導入

空席情報を活用することで
新しい価値を生み出す

河野 剛進 (かわの たかのぶ) 氏
株式会社バカン　代表取締役

　当社は創業以来、空席情報の有効利用をテーマとし、新たな価値創出に向けて取り組みを進めてきました。「空席情報配信サービス」には、IoT や AI などの最新技術が用いられていますが、最大の強みは私たちが「vCore™」と呼んでいる独自に開発した分析アルゴリズムです。予測のつかない人の行動や現場の混雑状況をどう的確に把握するか、また、そのままでは意味を持たないセンサーやカメラの情報を活用し、それらに意味付けしていかに価値ある情報として提供するか。これは決して簡単なことではありません。通常ですと、さまざまな条件に応じて、プログラムに細か

なチューニングを施すことが求められることになります。手間も掛かります。

「vCore™」では、あらかじめ必要な部分が正規化・標準化されているため、シンプルかつ効果的に、現場のナマ情報を空席情報として活用できるアルゴリズムが組み込まれています。

「空席情報配信サービス」を活用するには、「エンドユーザーのお客さまがどうなったら幸せか」という顧客起点での明確なイメージと、それにもとづく具体的な運用設計が欠かせません。大丸札幌店のシステムを進めるにあたり、遠隔でのコミュニケーションとなり、要件把握や設計、運用管理を実現するには、当社だけでは難しいという問題がありました。そこを NTT 東日本がしっかりとサポートしてくださり、ニーズの把握からハード導入、運用などあらゆる面でご協力いただきました。そうして三社が一体となって徹頭徹尾、顧客起点で考えて連携できたことが、本案件の成功につながったと思っています。

さらに当社にとっては、センサー、カメラ、手入力とすべての情報取得手法を活用し、飲食店や休憩所、トイレ、ベビーカーなど多種多様な情報を統合してサイネージに表示するという初めての案件となり、大変すばらしい体験をさせていただきました。

今後、ソリューションを SaaS として提供する当社にとって、サービス展開には充実した運用・メンテナンスが求められるようになることは明らかであり、NTT 東日本様とはより密接なパートナーシップ[1] を育んでいきたいと思っています。

---

[1]　2019 年 5 月 31 日、NTT 東日本は他 4 社とともに第三者割当増資の引受先となり、バカンへ出資している。

第4章　お客さまを待たせない！店舗や施設の空きがひとめで分かるIoTを導入

インタビュー

「攻めのIT」投資によって
新しいサービスのインフラを作る

佐藤 隆（さとう たかし）氏
株式会社 大丸松坂屋百貨店　大丸札幌店　営業推進部 店づくり担当 スタッフ

—— ここまで多種多様な店舗や施設を「空席情報配信サービス」の対象としているのは、日本でも初めての試みと言われています。そうした「攻めのIT」を推進するためには何が必要だと思いますか。

　ICTの使い方はさまざまですが、目に見えている「現状の課題」を解決するために活用しているだけでは、他との差別化は図れないと思っています。「将来どうなっていたいのか」という構想を持っていなければ、自社の強みを活かした「攻めのIT投資」は難しいのではないでしょうか。そう考えると、私たちにとって、その「未来の店舗の在り方」を考える源泉はやはりお客さまに尽きます。お客さまの声に応えることは大切ですが、より潜在的なニーズや不満を掘り起こし、先回りして提供し

ていくことで、新しい百貨店の形が見えてくるのだと思います。

　ただ、実際にその理想形をめざして推進する際におろそかになりがちなのが、「従来のもの」を捨てることでしょうか。まず、デジタル化を図るとき、これまでに加える形だと「コストがかかる」「手間が増える」などと考えてしまいがちです。しかし、デジタル化をすることで、何が削減できるのか、省略できるのか考えると、さまざまなものが必要なくなることが分かります。

　しかし、それまでなんとなく使っていたこと、行っていたことをやめることは、正直、怖いものです。案外そのまま残っていることも少なくありません。だからと言って、新しいものを取り入れるとき、古いものを残したままではリソースが分散し、効果を損ねてしまう可能性もあります。

—— 以前のものをなくすというのはなかなか難しいことですね。

　そうなんです。潤沢にコストがかけられるのならそれでもよいでしょう。しかし、新しいものに注力するためには、何かとトレードオフする必要があります。例えば、今回、デジタルサイネージを導入する際に「高い」と言われました。確かに、導入しただけではプラスの「コスト」でしかありません。しかし、デジタルサイネージ化によって、それまで催事やブランド変更のたびにかかっていた人件費や印刷代などがなくなり、よりスピーディに情報が提供できる。さらには、「空席情報配信サービス」のように新しいサービスのインフラにもなりうる。そう考え、さらなる刷新や改善に注力することを想定し、紙で張り出していた店内案内を一切やめたのです。

　「紙の店内案内」をすべてなくすというのは、日本初の取り組みかもしれません。慣れていたものがなくなると違和感を感じる人も出てきます。けれども、結果としてまったく混乱は起きていません。ないと困るという方にこそ、スタッフがしっかりとフォローすればよいわけですから。

　同様に、「空席情報配信サービス」についても、今後は人力で行っている部分を ICT 化するなどして、人間にしかできないことに注力できるような方策を考えていきたいと思っています。

第4章　お客さまを待たせない！店舗や施設の空きがひとめで分かる IoT を導入

—— 今回は、NTT 東日本とバカンの連携によってソリューションの提
　　供が行われました。この提携について、今後期待することについ
　　てお聞かせください。

　それぞれの強みを活かしたすばらしい連携だったと思います。ICT
で新しい物事に取り組もうと考えたとき、ベンチャーやスタートアップ
の斬新な技術やアプリケーションは魅力的に映ります。しかし、どうし
ても組織的に人数が少ないことが多く、運用面において不安な場合もあ
ります。そこを NTT 東日本の総合力で支えてもらうことで、安心して
システムを導入することができました。
　例えば、今回はバカンと NTT 東日本が共同で成田空港の待合所で条
件を変えて実証実験を行い、その性能範囲を確認してから、実際に提案
いただいたと聞いています。さらに実際の設置・導入においても、バカ
ンは東京からリモートのやり取りのみで参加し、現場での機材の設置や
テストなどは NTT 東日本が担当しました。設置場所に合わせてカメラ
は 10 タイプ、センサーも 10 以上と豊富な選択肢の中から最適なものを
提案いただけましたし、そうした品質面での厳しいチェックや、さまざ
まなメーカーと等距離といった点　　も、NTT 東日本の総合力があって
のことと思います。
　今後 NTT 東日本に対して期待するとしたら、新しい技術やツールな
どの「目利き役」でしょうか。また、いろんな企業と連携し、その中か
らベストメソッドを選定する「コンシェルジュ」という役割もぜひとも
期待したいところですね。

第5章

長野

社内の情報連絡を密接に！
AI ロボットが従業員と対話
工場見学の説明にも活用

マルコメ株式会社

第5章 社内の情報連絡を密接に！AIロボットが従業員と対話 工場見学の説明にも活用

シフト勤務従業員への連絡に活用
モチベーションアップを実現
「マルコメ君」の開発でさらなる展開

マルコメ株式会社

　味噌業界のトップ企業、マルコメでは毎日約400トン、味噌汁1杯に換算すると約2000万食分の味噌を長野の本社工場で作っている。工場で働く従業員は複数の時間帯での勤務となるため、管理職が伝えたいことの周知や理解度に不安なことがあったという。そこで、コミュニケーションロボット「Sota（ソータ）」を導入。社内コミュニケーションの活性化・働き方改革の実証実験を行い成果を出した。

プロフィール

マルコメ株式会社

創業	1854年
本社所在地	長野県長野市
従業員数	436名（2019年3月）
事業内容	家庭用・業務用味噌・即席味噌汁、家庭用・業務用糀食品、家庭用・業務用大豆関連食品の製造販売

信州味噌で業界をけん引するマルコメ

　千年以上もの長きにわたり、日本人の食生活を支えてきた伝統食品「味噌」。平安時代には贅沢品だった味噌が、鎌倉時代には鎌倉武士の普段の食事に味噌汁として登場するようになり、室町時代には保存食として庶民に浸透、この頃に今に伝わる味噌料理が作られたと言われている。現在、味噌は基礎調味料「さしすせそ」の「そ」として、和食の味付けには欠かせないものとなっている。

　一口に味噌と言っても、さまざまな種類がある。原料から見ると米味噌、麦味噌、豆味噌と、それらを混合した調合味噌の4種類に分けることができる。また味噌は色（見た目）でも、赤系、淡色系、白味噌というように3種類に分けられる。その上、味によっても甘味噌、甘口味噌、辛口味噌などの分類がある。その数、1000種類以上とも言われている。

　味噌の生産地トップは長野県。2017年の出荷数量は20万9059トンで、出荷額は663.1億円。全国出荷総額は1352.5億円[*1]なので、長野県の出荷額シェアは49.0％となる。

● 図表5-1　マルコメ製品のラインアップ例

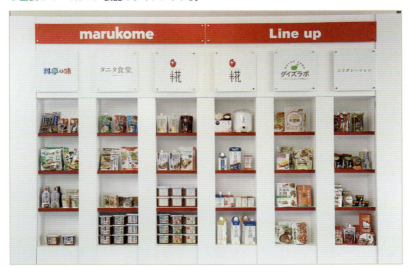

*1　経済産業省「平成30（2018）年工業統計表 品目別統計表データ」

第 5 章　社内の情報連絡を密接に！ AI ロボットが従業員と対話 工場見学の説明にも活用

　長野県産の味噌、いわゆる信州味噌をけん引しているのが、味噌業界のトップ企業マルコメである。その歴史は 1854 年（安政元年）に味噌、醤油の醸造業を開始したことから始まる。1948 年に株式会社化（青木味噌醤油）。現在の社名の元となるマルコメ味噌に改称したのは 1967 年。1978 年には業界トップに躍進し、即席味噌や同社の看板商品であるだし入り味噌「料亭の味」、フリーズドライ製法を用いた固形味噌汁など、味噌にまつわるさまざまな商品を開発。1990 年にマルコメに改称。

　「現在は生味噌、即席味噌汁、糀製品、大豆製品という 4 カテゴリーの商品をラインアップし、グローバルに事業展開をしています」。こう語るのは、マーケティング本部 情報システム部部長の長澤仁氏である。

味噌の出荷量は年々減少

　長年、味噌業界をけん引してきたマルコメだが、「味噌をとりまく状況は厳しいものがある」と長澤氏は語る。米離れと言われて久しいが、近年、主食用米の需要量は減少の一途をたどっている。20 年前の 1998 年には 913 万トンの需要があったが、2018 年の需要量は 740 万トン[2]。ここ最近は毎年約 10 万トンずつ需要が減少しているという。

　それにともない味噌の出荷量も減少。総務省の家計調査によると、「2 人以上世帯」の味噌の年間購入数量は 1998 年には約 8.7kg だったものが、2018 年には約 5.2kg[3] と約 60％まで減っている。これはあくまで生味噌の国内動向である。一方、味噌の輸出量は年々増加しており、2018 年の輸出量は約 1 万 7000 トン。1998 年の輸出量は 4531 トン[4] なので、この 20 年で約 3.75 倍に増加している。「海外での和食ブームが輸出を後押ししている」と長澤氏は語る。

　とはいえ、生味噌の国内需要が減っていることは間違いない。「味噌汁を飲む文化がなくなりつつあるのか」というと、そうではなさそうだ。なぜなら、即席味噌汁市場は伸びているからだ。マーケティングリサーチ会社のインテージによると、2018 年の即席味噌汁市場は、494 億

---

[2]　農林水産省「米をめぐる関係資料」（令和元年）

[3]　総務省家計調査「第 10 表　1 世帯当たり年間の品目別支出金額，購入数量及び平均価格（二人以上の世帯）」（2018 年）

[4]　財務省 - 日本貿易月報「みそ輸出実績」（全国味噌工業協同組合連合会ホームページより：2019 年 7 月現在）

● 図表 5-2　生味噌は長野市の本社工場で作られる

円と過去最高を更新。市場は右肩上がりに拡大しているという。簡便で利便性に富み、時短ができるというだけではない。手作りの味噌汁と遜色ないぐらい即席味噌汁の品質が上がっていること、コンビニエンスストアやドラッグストアなどで手軽に手に入れることができるようになったことも大きい。

　さらに「最近の発酵食品ブームも追い風になっている」と長澤氏は語る。

　マルコメが業界のトップ企業になったのは、老舗ながら常に業界の歴史を打ち破る先駆的な取り組みをしてきたことにある。だし入り味噌の「料亭の味」シリーズを出したのもその一つ。これは飛ぶように売れ、今では多数のメーカーがだし入り味噌を販売している。

　さらに 2009 年に発売したのが、「液みそ」と呼ばれるペットボトル容器に入った液体みそである。若者をターゲットに開発されたそうだが、シニア世代にも受け、大ヒット。

　チャレンジはそれだけではない。味噌でつちかったノウハウを活かして、2012 年より米糀を使った甘酒作りにも取り組んでいる。「米糀から作られる甘酒はアルコール分ゼロ。栄養豊富で飲む点滴と呼ばれていま

す。甘酒マーケットは大きく伸張していることから、当社では新潟県魚沼市に、『魚沼醸造』という米糀や糀甘酒などの糀製品を作る子会社を設立しました。『プラス糀』というブランド名で商品展開しています」（長澤氏）

シフト勤務の従業員への情報の周知が課題

　マルコメのチャレンジする姿勢は商品展開だけではない。マルコメが国内外に出荷する生味噌（液みそも含む）は、長野市郊外にあるマルコメ本社工場ですべて作られている。生味噌は出荷されるまで、麹作り、大豆の下ごしらえ、仕込みと熟成（大豆と麹と塩を混合し、発酵・熟成させる）、梱包・出荷という工程をたどる。ほとんどの工程において自動化が実現しているとはいえ、特に梱包の工程などでは、正しく梱包されているか、人の目によるチェックは欠かせない。

　「当工場ではパートの方を含め、約400人の従業員が働いています。以前は日中だけの稼働でしたが、商品ラインアップが増えていることもあり、現在、工場は早番、遅番というシフト制勤務を採用しています」（長澤氏）

　シフト制勤務を採用して以降、課題に感じてきたことがあった。工場で働く従業員に伝えたい情報の周知が難しいことだ。「通常勤務の従業員であれば、朝礼で伝えることもできるのですが、早番や遅番の従業員に伝える時間がなかなか取れないという問題がありました」と長澤氏は語る。周知したい情報はイントラネットなどに上げることはもちろん、製造を担当するパートの方にも伝わるよう、作業場に入る前に必ず寄る身支度室と呼ばれる、作業服に着替えた後、手洗い、ローラー掛けなどをする部屋に紙で掲示することは行っていたという。「手洗いの時間は30秒〜1分、ローラー掛けも1分ぐらい。その後、作業場に入るためにエアシャワーを浴びるのですが、数名ずつしか入っていけないため、身支度の終わった人がエアシャワー待ちで滞留する時間が少しあるんです。その時間にちゃんと見てもらうようにするには仕掛けが必要だと思いました」（長澤氏）

　そんなとき、長澤氏の目に留まったのが大阪大学基礎工学研究科石黒浩教授とサイバーエージェントの研究開発組織「AI Lab」、東急不動産

ホールディングスが共同で行った、人型ロボットを活用した実証実験である。東急ステイ高輪（東京都港区）の2階フロアの廊下とエレベータ前に、ヴイストン社が開発した卓上型ロボット「CommU（コミュー）」と「Sota」を設置し、ロボットが外部カメラで人を検知すると、適切なタイミングで人に対し声かけや挨拶を行うというものである。

「この実験では人に積極的に話しかけるロボットが人に自然に受け入れられることが実証されたとのこと。お客さまだけではなく、ベッドメイキングのスタッフもロボットから挨拶されることで、モチベーションが上がったとも書いてありました。そこで当社でも工場に設置すれば、従業員のモチベーションが上がるのではと考えました」（長澤氏）

このニュースがリリースされたのは2018年4月11日。それから程なくして、訪ねてきたNTT東日本の営業担当者に、長澤氏は何気なく東急ステイ高輪での実証実験の話をしたという。するとNTT東日本ではクラウド型ロボットプラットフォームサービス「ロボコネクト」を提供しており、それにSotaが対応していたのである。「そこで改めてロボコネクト版『Sota』の詳しい資料がほしいとお願いしました」と長澤氏はSota導入のきっかけを話す。

● 図表5-3　シフト勤務の従業員にSotaが連絡事項を伝える

第5章　社内の情報連絡を密接に！ AI ロボットが従業員と対話 工場見学の説明にも活用

　詳細を調べると、Sota は次の 4 機能を搭載していることが分かった。第一はプレゼンテーション機能。これはマイクロソフトのパワーポイントで作ったプレゼンテーションを音声で読み上げてくれるというものだ。第二はコミュニケーション機能。これは Sota とおしゃべりができるというもの。第三はカメラ撮影機能。Sota に呼びかけると、写真を撮ってくれるという機能だ。第四が遠隔対話機能である。パソコンやスマートフォンに遠隔対話アプリケーション「SotaPhone」をインストールすれば、Sota を介して顔を見ながら話ができるという機能である。

　NTT 東日本の営業担当者によると、Sota の活用例として多いのが商品紹介などの販促業務、もしくは観光案内や受付などの案内業務だという。だが、長澤氏は Sota のプレゼンテーション機能であれば、これまで課題と感じていた、シフト従業員への伝えたい情報の周知に使えると考えた。また NTT 東日本の担当者も Sota の活用範囲の拡大を模索しており、いい機会だと考えたという。

Sota を活用した実証実験を開始

　こうして、効果を確かめるため、マルコメと NTT 東日本は 11 月 1 日より Sota を活用した「社内コミュニケーション活性化・働き方改革を目的とした実証実験」に取り組むこととなった。「本当にコミュニケーションに活用できるのか」――。

　Sota の設置場所は工場の身支度室。人が入って来たときに Sota がプレゼンテーションに書かれた従業員向けの周知事項を読み上げるよう、人感センサーは Sota の下の台座に仕込んだ。Sota の横には周知事項を表示するためのディスプレイ（パソコン）を置き、それにネットワークを介して本社事務所からコンテンツを配信することで実現した。

　実証実験の期間は約 1 ヶ月。その間、毎日、長澤氏はコンテンツを作成して配信した。「この作業がかなり負担だった」と長澤氏は苦笑を浮かべる。「年末調整など書類提出期限や労働安全に関する注意事項など会社からの通知だけではありません。工場で働く人たちは、自分たちが作っているどの商品がどういうところでどう売られているか、なかなか知る機会が多いとは言えないので、『今週は○○スーパーの店頭でイベントをやっています』というような情報も盛り込みました」（長澤氏）

84

●図表 5-4　オリジナルキャラクターロボット「マルコメ君」

　このような長澤氏の努力もあり、Sotaに対する従業員の評価は上々だったという。事後のアンケートの結果では、従業員の7割がSotaを通じて情報配信を行うことで、以前よりも情報を取得しやすくなり、認知が高まることが確認できたという。
　「中でも特にパートの方が気に入ってくれましたね」と長澤氏。マルコメのパート従業員はほとんどが女性で、40〜50代が多いという。「『休憩のときにSotaに話しかけたりできるのが楽しいので、周知事項を伝えるプレゼンテーションの時間を短くして、もっと自由に話しかける時間がほしい』『Sotaくんが大好きなので、もっと自由に話したい』という声が多かったんです」（長澤氏）
　Sotaを身支度室に置いたことも功を奏した。1日に何回もSotaの前を通るのだが、Sotaとの会話をするうちに、パート従業員同士の会話

も増えていったのだ。「実証実験の結果、当初の狙いであった社内コミュニケーションの活性化にもSotaが貢献できることが分かりました」(長澤氏)

社外活動に活用する
オリジナルロボット「マルコメ君」

Sotaを活用した実証実験が終わる頃、長澤氏の元に、Sotaを広告宣伝など社外の活動に使いたいという声もたくさん届いていたという。マーケティングにロボットを活用するのであれば、同社にはマルコメ君という知名度のあるキャラクターがいる。「私の上司であるマーケティング本部長から『Sotaがマルコメ君になればもっとよいのだけど』とい

●図表 5-5　第三工場の入口にある金のマルコメ君の像

う話があり、NTT東日本の担当者にそれを伝えました」（長澤氏）

　実は「自社のオリジナルキャラクターをロボット化したい」というニーズは、マルコメだけではなく、ロボコネクトサービスを提供している複数の会社からもあったという。マルコメ君は昭和30年代に初登場、くりくり坊主頭の子どもがマルコメ君として登場するテレビのCMも1977年から始まっており、世間への認知度も高い。マルコメにとってマルコメ君は大きな資産である。

　そこでNTT東日本はSotaを開発しているヴイストン社に相談。マルコメ君のフォルムとSotaのフォルムが割と近いこともあり、Sotaの内部の構造はそのままに、マルコメ君の外装を製作。2019年5月中旬、ロボコネクトに対応した第1号のオリジナルコミュニケーションロボット「マルコメ君（以下マルコメ君ロボット）」が完成した。

　「マルコメ君ロボットの外装は着ぐるみや本社工場（第三工場）入口にある金のマルコメ君の像を参考にして作ってもらいました」と長澤氏は笑いながら説明する。

　マルコメ君ロボットは、2019年5月21日、22日に開催された「NTT東日本 Solution Forum 2019」で披露された後、工場見学の説明や諏訪湖サービスエリアで開催された甘酒の試飲会の呼び込みなど、さまざまな場所で活躍を始めている。しかし、6月末に行われた新商品説明会で営業へのお披露目をしたばかりだそうで、まだ多くの社員はマルコメ君ロボットを目にしていないという。

　「本格的なマルコメ君ロボットのマーケティング分野への活用はこれからの段階です。しかしすでに社内のさまざまな部署から『貸し出しをしてくれないか』という問い合わせが来るなど、マルコメ君ロボットへの期待は高まっています」（長澤氏）

工場見学の案内や新商品の説明会で受け答え

　今後、マルコメ君ロボットをどう活用していくのか。長澤氏は2つの分野でより高度な活用を検討している。

　一つは工場見学の案内への活用である。同社の工場には1年間で100校以上の小学校が見学に来る。前回の工場見学ではウェルカムの挨拶と麹室の説明のみをマルコメ君ロボットが担当した。「そのような説

● 図表 5-6　コミュニケーションロボットの実証実験のシステム構成

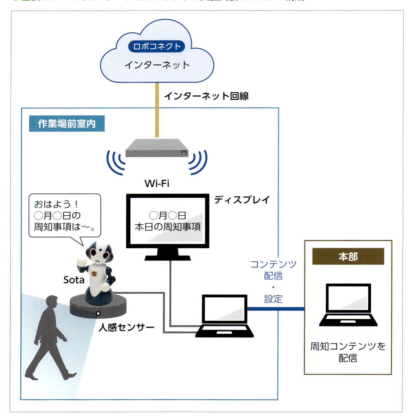

明だけではなく、例えばよく聞かれる質問を整理してAIに学習させ、小学生の質問にマルコメ君ロボットが答えるようにできれば、より小学生の味噌への興味関心がわくと思うんです」と長澤氏。

　もう一つがプロモーションへの徹底活用である。「例えばスーパーなどの量販店の店頭で、営業担当者に代わって新商品を紹介することに加え、『こんな料理もできます』というようにメニューの提案などもしてもらいたいですね。マルコメ君ロボットなら注目度も高いですし、新しいメニューの提案をすることで、味噌の新しい使い道や可能性を伝えることができれば、醤油のように一家に複数種類、常備してもらえるようになると思います。Sotaが女性のパート従業員にカワイイと言っても

らえたように、きっとマルコメ君ロボットもスーパーに買い物に来る女性客に受け入れられると思うんです」（長澤氏）

後者の活用法として、すでに決まっている現場がある。それは2019年9月15日に長野県上高井郡の小布施総合公園で開催される「2019スラックラインワールドカップジャパン・フルコンボ」で甘酒のPRをすること。スラックラインとは幅5cmのライン上でアクロバティックな技を展開し、その難易度や技の美しさを競い合うというスポーツである。2017年に同場所で「スラックラインワールドカップジャパン・フルコンボ」が開催されて以来、毎年開催されている。マルコメは同大会に協賛しており、「今年はキッチンカーを出し、甘酒の試飲を行う予定だ」と長澤氏。酒粕を原料にした甘酒と違い、同社の甘酒は米糀を原料としているためアルコール分はゼロである。「海外からのお客さまにアルコール分を含まないことを理解してもらうには、英語でのプレゼンテーションが不可欠です。マルコメ君ロボットはSotaの機能をそのまま使えるので、対応言語追加オプションを利用すれば、英語や中国語、韓国語を話すことができます。ワールドカップの現場では、英語で甘酒をPRしてもらおうと思っています。そしてちゃんと甘酒を理解してもらった上で、当社の従業員が甘酒を手渡しする。そういう風に人とロボットが役割分担することで、より効果的なプロモーションが実現すると考えています」と長澤氏は意気込みを語る。

人々の注目を集めることや概要の説明はロボットに任せ、より詳しい説明は人が行う。長澤氏は人が得意なところは人、ロボットが得意なことはロボットというようにきちんと役割分担することが、訴求力向上につながると言うのである。

スムーズなコンテンツ作成で 情報周知にロボットを活用

このようにマルコメ君ロボットは社外向けに活用されることが予定されている。しかし、当初、同社がコミュニケーションロボットの導入を検討したのは、社内情報の周知をするためだった。実証実験での結果を見れば、コミュニケーションロボットの活用は一つの手だ。長澤氏もそれを検討しているが、コンテンツ作成の苦労は避けたい。「コンテンツ

第 5 章　社内の情報連絡を密接に！ AI ロボットが従業員と対話 工場見学の説明にも活用

作成をするためのチームを作ることができれば可能かもしれません。例えば社内に周知したい情報がある総務や広報などのメンバー 4 〜 5 人でチームを組み、週 1 回ぐらいの頻度でコンテンツを作成する。ですが、これでもメンバーになった人にはコンテンツ作成という負荷がかかってしまいます。ロボットを活用するために負荷がかかるのは本末転倒です。例えば伝えたい内容を音声で吹き込むとテキスト化され、さらにその原稿がコミュニケーションロボットに送られ、ロボットが周知する。そういう環境ができれば、積極的に活用していきたいですね」

　社内コミュニケーション活性化・働き方改革を目的とした実証実験から始まったコミュニケーションロボットの活用。オリジナルロボット「マルコメ君」のマーケティング領域でのさらなる活躍は、人とロボットがどう上手く役割分担をしていくかにかかっているのだろう。

※　文中に記載の組織名・所属・肩書き・取材内容などは、すべて 2019 年 7 月時点
　　（インタビュー時点）のものです。

マルコメ株式会社

○ まとめ

課題

- 工場で働く従業員はシフト制勤務を採用しているため、早番、遅番の人に伝えたい情報をしっかり周知したい
- 従業員同士のコミュニケーションのさらなる活性化を図りたい
- 社内活用だけではなく、社外での広報活動に使いたい

導入

- コミュニケーションロボット「Sota」とディスプレイ（パソコン）を身支度室に設置。人を感知すると Sota が話し出すよう、人感センサーを台座部分に搭載
- コンテンツは本部で作成し、ネットワーク経由で身支度室のパソコンに配信
- 社外向け広報活動用として、Sota の内部構造はそのままに外装をマルコメ君にカスタマイズしオリジナルロボット「マルコメ君」を製作

効果

- アンケート結果では、Sota を通じた情報配信により、従業員の約7割が情報を取得しやすくなり認知が高まったと回答、モチベーションアップを実現
- 休憩時間に従業員が Sota に話しかけ、それを話題に従業員同士のコミュニケーション量が増えた
- マルコメ君ロボットを甘酒試飲の PR 現場に活用したところ、多くの人が集まってくれ、より多くの人に甘酒の効能を伝えることができた

第5章　社内の情報連絡を密接に！AIロボットが従業員と対話　工場見学の説明にも活用

インタビュー

従業員の情報認知が高まりました コミュニケーションロボットの 本格活用を始めたい

長澤 仁（ながさわ しのぶ）氏
マルコメ株式会社　マーケティング本部　情報システム部 部長

—— コミュニケーションロボット「Sota」を活用した実証実験を行う前にどんな課題があったのでしょうか。

　当社は本社工場で味噌関連の商品をすべて生産しています。生味噌の国内出荷量は年々、減少はしているものの、海外での日本食ブームもあり輸出量は増加。さらに液みそなどの商品ラインアップを拡充していることもあり、10年ぐらい前より、工場の稼働時間が朝7時から夜10時くらいまでと長くなりました。工場で働く従業員は早番、遅番のシフト制勤務を採用しています。
　そのため、管理職が工場で働く従業員に情報を口頭で伝える機会が減

マルコメ株式会社

りました。そこで周知事項を紙で掲示するという方法を採用していましたが、内容が浸透しておらず、理解度も下がっていました。このような課題をなんとか解決したいと考えていました。

—— そこで「Sota」に白羽の矢が立てられたわけですね。Sota を選んだ背景について教えてください。

　実は私は、Sota の開発をヴイストン社と共に行った、大阪大学大学院基礎工学研究科の石黒浩教授のファンなのです。石黒先生がどんなものを開発されるのか、結構楽しみにしているんです。その石黒先生とサイバーエージェント、東急不動産ホールディングスが、ホテルでロボットを使って接客実験を行ったというニュース記事を読んだのがきっかけです。その実証実験では、ロボットが接客をすることで宿泊客の機嫌がよくなったというだけではなく、ベッドメイキングのスタッフなどにロボットが声かけすることで、モチベーション高く仕事ができたという結果が得られたとのこと。Sota などのコミュニケーションロボットが管理職に代わって周知事項をお知らせすれば、紙で掲示するよりも浸透度や理解度が上がるのではと考えました。さらに、先のホテルの実証実験のようにスタッフのモチベーションアップも期待できると考えました。

—— どういう経緯で NTT 東日本との共同実証実験に至ったのでしょう。

　NTT 東日本の担当者が当社を訪問された際に、たまたま「先日、コミュニケーションロボットの実証実験を見て」という話をしました。すると NTT 東日本が提供するクラウド型ロボットプラットフォーム「ロボコネクト」というサービスが Sota に対応していると言います。そこで、周知内容の浸透や理解度向上に Sota が活用できるのか、その効果を確かめてはという NTT 東日本からの提案を受け、共同で実証実験を行うことになりました。

—— 実証実験の結果はいかがだったのでしょう。

　実証実験後にアンケートを実施したところ、約 7 割の従業員が、ロボットを通じた情報配信を行うことで、以前よりも情報が取得しやす

93

第5章　社内の情報連絡を密接に！ AI ロボットが従業員と対話 工場見学の説明にも活用

くなり、認知が高まったと回答しました。しかも Sota に話しかけたり、Sota を話題にしたりすることで、従業員同士のコミュニケーションが活性化。分からないことが出てきた場合に同僚に聞きやすくなったなど、仕事によい効果をもたらすことも確認できました。Sota に対して「カワイイ」など好意的な感情を持つ人も多かったです。

―― なぜ、オリジナルロボットを製作することになったのでしょう。

　私たちの部署はマーケティング本部に所属しています。私は情報システム部の人間なので、社内で活用することをどうしても考えてしまうのですが、上司であるマーケティング部長は外向けにコミュニケーションロボットの活用を考えていたのです。広告宣伝に使うのなら、当社には大きな資産「マルコメ君」というオリジナルキャラクターがあり、これを使いたい。マルコメ君をロボットにできれば、宣伝効果は高まります。

　そこで NTT 東日本に、オリジナルキャラクターのロボット化について相談しました。幸い、マルコメ君のフォルムが Sota と比較的似ていたこともあり、「マルコメ君ロボット」が実現できました。

―― 今後の展望について教えてください。

　マルコメ君ロボットについては、さらなる高度な活用を考えています。例えば工場見学でよく聞かれる質問の回答を整理して、AI に学習させ、マルコメ君ロボットに回答させるということも、いつかはチャレンジしたいと思います。また営業に同行させ、量販店の店頭で新商品のプロモーションなどにももっと活用していきたいと考えています。私たちは、一家に一つの味噌ではなく、醤油のように用途に合わせて複数の味噌をラインアップしてもらいたいと考えているからです。

　社内情報の周知という課題は残っているので、この課題に対してもコミュニケーションロボットの活用を諦めたわけではありません。ですが、この領域でコミュニケーションロボットを活用するには、運用側でコンテンツ制作に負荷がかからない仕組みの整備が不可欠です。例えば周知したい情報を音声で吹き込むと自動でテキスト化され、コミュニケーションロボットのプレゼンテーション内容になるような環境が整備できれば、本格活用を検討したいと思っています。

第6章

千葉

少人数でもおもてなしを実現！
IoT でフロント業務を効率化
街の観光案内にも利用

HOSTEL Co-EDO

第6章　少人数でもおもてなしを実現！IoT でフロント業務を効率化 街の観光案内にも利用

カメラとスマートフォンで
フロント業務をサポート
言語の壁も IoT で解消

HOSTEL Co-EDO

　千葉県の北部に位置し、水郷の町として栄え、今もなお江戸から明治期の趣きある街並みが多く残される佐原地域。「北総の小江戸」と呼ばれる人気の観光地だが、外国人観光客が急増するなか、さまざまな課題が生じ、解決の手立てが模索されている。地元の観光地域づくり法人「NIPPONIA SAWARA」は宿泊施設「HOSTEL Co-EDO」の人手不足をIoT 活用で解決するなど、地域の課題解決と活性化に向けて積極的な取り組みを進めている。

プロフィール

HOSTEL Co-EDO

所在地	千葉県香取市
収容人数	24 名
個室	4 部屋
ドミトリールーム	4 部屋（1 部屋 4 床）

人気が高まる観光地の新たな課題とインバウンド対応

　訪日外国人観光客は右肩上がりに増え続けているが、その内容は大きく変化している。数年前にブームとなった訪日中国人などの"爆買い"は落ち着きを見せ、訪日外国人観光客の興味・関心はモノの消費から、文化体験や長期滞在など「コト」へと移行してきた。ただ買う、ただ観るのではなく、人々とふれあいながら土地の魅力を知り、五感で発見・感動する体験をする。その体験がすばらしいものであるほど、リピーターが増え、有名観光地だけでなく、それ以外の地域へと足を伸ばす人が増える。たとえ国内ではさほど有名ではなくても、ほかとは異なる魅力がある地域ならば、SNSなどを介した口コミでよさが広がり、人気を集めることも珍しくない。

　東京から電車で約1時間半、成田空港にもほど近い千葉県香取市も、近年急速に外国人旅行者が訪れるようになった地域のひとつだ。もとは江戸時代中期から昭和初期にかけて利根川水運の中継地として百万都市江戸に多くの物産を供給し、その暮らしや経済を支えて発展した。特に佐原地域は「水郷の南都」として「お江戸見たけりゃ佐原へござれ」と江戸時代の戯れ歌にもあるほどの賑わいを誇り、江戸からも多くの人々が商業や観光目的で訪れたことから、その影響を色濃く受けた独自の文化が花開いた。著名な国学者や儒学者などを輩出し、日本初の「大日本沿

● 図表6-1　小野川沿いに古い商家や民家が立ち並ぶ

海興地全図」を完成させた伊能忠敬は今も「ちゅうけいさん」と呼ばれ、地域の生んだ偉人として親しまれている。実は、伊能家は地域の名門永沢家と共に佐原の両家と数えられた大商人であり、忠敬が隠居後の大偉業を成し遂げたのも、佐原の豊かな経済基盤とそこに集う文化人や学者との交流があったからといえるだろう。

その「江戸優り」とも称えられた繁栄の名残として、当時は船が行き来したであろう利根川の支流である小野川沿いを中心に、築100年を超える商家や民家が立ち並ぶ。小野川には観光船が運航しており、船上からゆったりと柳越しに美しい街並みを楽しめるツアーはいつの時代も人気が高い。ただし、かねてより「北総の小江戸」として国内では知られた観光地ではあったが、インバウンドとしてはほぼ無名だったといえるだろう。

しかし、近年になって成田空港に近いことや、2016年4月25日に佐倉市・成田市・銚子市とともに香取市が「北総四都市江戸紀行・江戸を感じる北総の街並み」として「日本遺産」に認定されたことなどを機に、国内外に魅力ある観光地として発信されるようになり、徐々に外国人観光客も増えてきた。アジア・欧米を問わず各国から訪れていると言われ

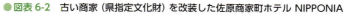
●図表6-2　古い商家（県指定文化財）を改装した佐原商家町ホテルNIPPONIA

るが、特に2013年にはタイの人気俳優が出演するコメディー映画の舞台となったことでタイ人観光客が急増し、今でも日本への旅行では定番の観光地になっているという。

観光地として人気が高まれば高まるほど、さまざまな課題も生じてくる。まず、もともと日帰りの旅行者が多かったために、より多くの観光客を誘致しようにも宿泊施設が少なかったことがあげられる。日本の旅館につきものの温泉が出ないことも理由のひとつではあるが、これまで首都圏からの観光客がメインで、日帰り旅行が大半だったことが大きい。そしてすでにある宿泊施設についても、インバウンド需要を高めるためには、受け入れ側の多言語対応の遅れや、宿泊・観光施設の従業員数の減少による人手不足なども大きな課題となっていた。

地域活性化と観光資源開発 古民家や蔵をホテル・店に改装

人気の観光地となるための課題。それを「オール佐原」として解決しなければならない。その思いのもと、地域経済活性化支援機構、京葉銀行、佐原信用金庫などが協力して立ち上げたのが、観光地域づくり法人「NIPPONIA SAWARA」(ニッポニアサワラ)である。その代表を務める杉山義幸氏は、「江戸時代に建てられた古民家など、佐原が保有する観光資源を見直し、新たな魅力として時代に合った形で観光コンテンツとして提供することで、地域の活性化につなげたいと考えています。特に佐原は文化的にも豊かな土地だけに、建物だけに留まらず、着地型観光の開発や地域産品を活かした土産物の開発など、ソフトおよびハード両面での観光資源開発を行っていきます」と設立の目的を語る。

まずNIPPONIA SAWARAが手掛けたのは、築100年超の古民家や蔵を含む建物を宿泊施設や飲食店として改装することだった。2018年3月にオープンした「佐原商家町ホテル NIPPONIA」は、歴史的建築の趣きをそのまま活かした造りとなっており、まるで江戸・明治時代の佐原にタイムトリップしたかのような瀟洒なホテルだ。銚子で水揚げされた魚介や水郷野菜など地元の食材を使った贅沢なフレンチを楽しめるレストランが併設され、さらに専任のコンシェルジュが宿泊客に合わせて旅をコーディネートしてくれる。一歩外に出れば、ホテルの雰囲気と一

第 6 章　少人数でもおもてなしを実現！IoT でフロント業務を効率化 街の観光案内にも利用

● 図表 6-3　HOSTEL Co-EDO のフロント

続きに小野川沿いの江戸情緒あふれる景色が楽しめ、まるで街の一部になったかのような気分になってくる。
「歴史的な街並み全体を『ひとつのホテル』と見立てているんです。ホテルにいながらにして、佐原の文化や歴史、食、暮らしなどの地域全体の魅力を楽しみ、この土地に溶けこむように過ごす体験をしていただけるかと思います。オープン前はご年配の方が多いかと想像していたのですが、若いカップルや家族連れなども多く、歴史を感じながらゆったりと過ごすスタイルを好まれる方が想像以上に多いことに気づかされました」（杉山氏）

　そして、同じく 2018 年 3 月に、「地域住人と旅行者が集う場所」をコンセプトに倉庫として使われていた建物を改装し、シンプルながら居心地のよい宿泊施設として「HOSTEL Co-EDO」もオープンさせた。4 つのドミトリー（相部屋）と 4 つの個室に加え、ダイニングルームやキッチン、バーベキューが楽しめるテラスなど、宿泊者同士が交流できるスペースが多く取られている。リーズナブルな価格設定で海外からのバックパッカー[*1] などの利用者も多く、インバウンド率は多い日で 4 割近く

---

*1　バックパック（リュック）を背負って、低予算で主に海外を個人旅行する旅行者。

になることもあるという。

「もっとカジュアルに歴史ある佐原を楽しんで欲しいという思いから造ったホテルですが、価格をリーズナブルに抑えるためにはさまざまな課題がありました。まず人手不足ということもあり、外国人にも対応できる人的リソースの確保が困難だったこと。たとえ、そうした人材がいても費用が見合いませんでした。また来訪者の多国籍化にともなって多言語化が不可欠であり、コストをかけずに応対する方策が求められていました。とはいえ、日本観光の魅力のひとつでもある『丁寧なおもてなし』も大切にしたいと考えていたので、悩ましい問題でした」（杉山氏）

そこで国が設置する、中小企業・小規模事業者のための経営相談所「千葉よろず支援拠点」に NIPPONIA SAWARA としてだけでなく佐原全体の課題として相談を持ち込んだ。そこで紹介されたのが NTT 東日本だった。ICT ツールを用いたさまざまな業務効率化・サービス向上のための施策検討が、このときよりスタートした。

ICT 活用で人手不足を補い　快適なおもてなしを実現する

まず HOSTEL Co-EDO を対象に、業務の効率化を図りながら、外国人観光客が快適に過ごすことができる環境づくりについての施策が検討された。当初、HOSTEL Co-EDO の立ち上げにあたっては、外国語対応が可能なスタッフ3名で業務に当たる予定となっていた。

「しかし、施設規模として適切な人的リソースは2名が限度。その中で、お客さまの対応をしっかり行いながら、仕事の効率化を行う必要がありました。そこで、清掃やリネン類の管理などは外部の専門事業者やパートスタッフに依頼し、HOSTEL Co-EDO のスタッフとして注力すべき部分、つまり宿泊者が居心地良く過ごせるような接遇やサービス対応の時間を増やしたわけです」（杉山氏）

そうしたスタッフが行うべきサービス業務の中で、特に重要で煩雑なのがフロント業務だ。しかし、どのタイミングで宿泊予定者が来訪し、宿泊者からもどのような問い合わせを受けるか分からない。大きなホテルなら、フロントに常駐する人員を割くことができるかもしれないが、HOSTEL Co-EDO の規模でそれは大きな負担となる。

● 図表 6-4　HOSTEL Co-EDO は 1 人で切り盛りしている

　そこで採用したのがクラウド上で映像を確認できるカメラサービスだ。フロントにさりげなく設置しておくことで、スタッフはスマートフォンからいつでもフロントの様子を見ることができる。また、来訪者があると音や動体を検知して自動的にスタッフに知らせるようになっている。
「気配を察知してフロントにでられるので、イレギュラーな時間に来られるお客さまでもお待たせすることなく、さりげなくお迎えができるようになりました。さらにフロント業務のときだけでなく、お客さまが何かお尋ねになりたいときはフロントに来られます。そうしたときは、声をかけていただければもちろん、何か依頼がありそうなときは察してフロントに戻るようにしています。でも、お急ぎのときや、声でやり取りできる簡単な用事のとき、ちょっと遠くにいるときなどには、まず音声でお答えできるので、臨機応変な対応ができるのはいいですね。フロント以外の仕事にも安心して集中できるので大変助かっています」
　そう語るのは、現在 HOSTEL Co-EDO を 1 人で切り盛りする宿泊マネージャーの柳瀬健介氏。オープン時は 2 人だったスタッフも、このカメラとスマートフォンが連携したサービスの導入で 1 人で運営できるようになったという。
「夜間もずっと見守ってくれるので、たとえ不審人物の出入りがあってもすぐに気づけて対応ができます。佐原はのんびりした地域で治安もい

HOSTEL Co-EDO

● 図表 6-5　フロントのカメラで来訪者を検知して対応する

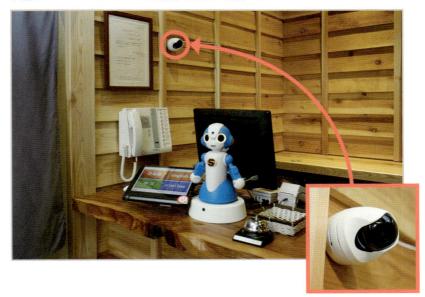

いので、防犯の意味があるかといえば分からないのですが、知らない土地で夜遅くまで戻って来られないお客さまがいる場合は心配ですからね。その意味でも安心感があります」(柳瀬氏)

Wi-Fi と「スマートプレート」で必要な情報を必要な時に提供

　並行して施策が検討されたのが、多言語対応による情報提供だ。まず行ったのが、外国人観光客が「どのような情報を求めているか」を抽出することだ。そこで、やはり旅行を有意義なものとするためには「地元ならではの情報提供」が求められていることに気付いたという。
「日本に来られる外国人観光客の多くは、来日前にさまざまな情報を集め、旅行ポータルサイトや SNS などでも評判を見て来られます。しかし、やっぱり旅の醍醐味は偶然性でしょう。その土地で得られた情報によって思わぬ出会いや楽しみがある。有名な観光スポットはもちろん、地元で人気のスポットや飲食店など、地元ならではの生きた情報を提供

第6章　少人数でもおもてなしを実現！IoTでフロント業務を効率化 街の観光案内にも利用

したいと考えたのです」（杉山氏）

　方法として選んだのがNTT東日本の店舗・事業所向けデジタルサイネージと「スマートプレート」だ。まず大画面デジタルサイネージやタブレット端末を使って、周辺の観光スポットや飲食店などの地域情報を検索し、多言語で閲覧できるようにした。

　ただ、その場所を離れると見られなくなるため、自分のNFC[*2]対応スマートフォンで併設の「スマートプレート」にタッチすると、閲覧していた情報がそのままスマートフォン側で閲覧できるようにした。またNFC非対応のスマートフォンでも、添付されたQRコードを読み取ることで、同じサービスが受けられる。なお画面ではタッチパネルで日本語

●図表6-6　スマートフォンでタブレット端末やスマートプレートにタッチ

[*2] 近距離無線通信の規格のひとつで、機器をかざすだけで自動的に通信が行われる方式。

● 図表6-7 スマートフォンに観光情報やWi-Fiパスワードなどが表示される

のほか英語などの4ヶ国語が選択できるようになっている。一部のコンテンツについては、スマートフォンをかざすとその機体に設定されている言語が自動的に選択され、表示されるようになっている。
「日本語のコンテンツがGoogle翻訳を介して表示される仕組みになっています。表示までに少し時間がかかりますし、翻訳品質としても決して高いとは言えません。しかし、母国語で表示される安心感は大きいものでしょうし、今後Google翻訳の精度が上がってくれば、もっと快適になってくると思われます」（杉山氏）

　情報リソースとしては、水郷佐原観光協会が提供する「旅なび佐原」、世界的にもユーザーが多い「トリップアドバイザー」、そして近隣のニッチな情報はNIPPONIA SAWARAのスタッフが書き手となっている「コエド日記」などがある。さらにInstagramやFacebookと連携しており、佐原を熟知したスタッフが提供する、その時々の"生きた情

●図表 6-8　各部屋にもスマートプレートを設置

報"が閲覧できる仕組みだ。

　そしてもうひとつ、宿泊者に提供すべき必須情報として「宿泊施設の情報」もこの仕組みの中に盛り込んだ。まずデジタルサイネージで宿泊施設の使い方や避難経路などを流しておき、いつでも見られるようにした。

「もちろん口頭でもご説明を行っていますが、音声だけではなかなか分かりにくい部分もあります。そこで、まずはサイネージを参照すれば分かるようになっているということが大切だと思っています」（柳瀬氏）

　なお、スマートプレートはフロント、サイネージのほか各部屋にも設置されており、電話で問い合わせがあった際にもその部屋のスマートプレートを介して情報を送付できる。音声会話だけでは伝わりにくい情報も画面で見れば分かりやすくなり、スムーズなコミュニケーションの一助となっているわけだ。

どこからでも欲しい情報が入手できる「観光客にやさしい街」

　しかし、どんなに便利な仕組みやツールでも「使ったことがないもの」を、なかなか人は使おうとしないもの。そこで、HOSTEL Co-EDOでは館内のFree Wi-Fiにスマートプレートを使うと簡単に接続できるようにしたところ、利用者が増え、施設情報や観光案内についても閲覧されるようになったという。

「情報提供の目的は、観光客の皆さんの利便性の追求です。情報を提供することで街を回遊して楽しんでいただき、さまざまな体験や食事、お買い物をしていただくことです。もちろん、そうした活動によって経済的にも地域が活性化し、リピートしていただけるような魅力ある地域づくりを継続できるわけなので、地域側としても利用を推進していきたいと思っています。どのような情報を提供すればより多くの方に利用していただけるのか、いろいろとアイデアを出し合っているところです」（杉山氏）

　確かに情報提供はさじ加減を間違えれば、情報の押し付けにもつながる。あれもこれもと伝えたいあまりに看板やポスター、ノボリが山ほど立ち並ぶ観光地になってしまうと、美しい景観のもと純粋に旅を楽しみたい側としては興ざめだ。美しい街並みを楽しんでもらいつつ、地域のどこにいてもタイムリーに欲しい情報が得られる。そんな観光客のニーズにも即した情報提供のあり方を実現するため、ICTが役に立つことは間違いない。

　実際、HOSTEL Co-EDOはシンプルでナチュラルな館内に整えられ、あえて目立つのはサイネージだけ。多言語対応だけでなく日本語も含めて観光地情報などのポスターやチラシ、さらには館内案内も最小限に留まり、全体的にすっきりとおしゃれな印象だ。この仕組みが街全体で共有できれば、どこにいても必要な人が必要な分だけ情報を入手できる上、街全体の景観も守られる。

　そこで、こうしたHOSTEL Co-EDOでの利用実感を得て、佐原全体で利用ができないかという期待を込め、ほかの場所でもサイネージやスマートプレートを用いた情報提供が始められている。

　ひとつは前述の「佐原商家町ホテルNIPPONIA」だが、基本的にはコ

第 6 章　少人数でもおもてなしを実現！ IoT でフロント業務を効率化 街の観光案内にも利用

●図表 6-9　HOSTEL Co-EDO のシステム構成

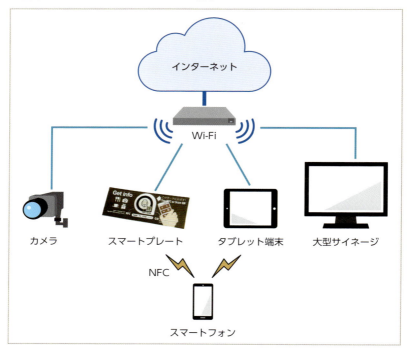

ンシェルジュが常駐しているため、スマートプレートでの情報提供はそのサポート的な役割となる。施設の性質やタイミングによって使い分けが叶うのも本システムの利点だろう。

　そして、2019 年 4 月には NIPPONIA SAWARA が運営を任されている香取市管轄の公営観光休憩所「上川岸小公園」、通称「さわら町屋館」が開設され、そこにもデジタルサイネージと「スマートプレート」が導入された。ホテルを出て佐原を散策しながら、出先の休憩所でも情報収集を行うという動線ができたわけだ。

「さわら町屋館は、江戸情緒あふれる街並みが続く小野川沿いに位置し、景観を損ねないよう、伝統的な建造物に倣った意匠で建築されています。中には畳敷きでのんびり休めるスペースや、香取市の名産品が楽しめるカフェや直売所もあり、休憩しながら飲食も可能です。例えば、千葉県全域で名産品として知られるさつまいもの中でも、香取市の『芝山

農園』の低温熟成させて焼き上げた『寝た芋』は2018年料理王国100選に選ばれたほどの逸品。それをフラペチーノにした『芋ペチーノ』はインスタ映え効果もあって、特に女性の観光客に人気です。そうした新しい名物の開発や発表の場としても支援を行っていきたいですね」（杉山氏）

外国人観光客が急増した地域では、休憩所を求めての民家スペースへの立ち入りなど問題も起きているという。誰でも気軽に入れて、ほっと一息つける施設が観光のメインエリアにあれば心強いに違いない。さらに新しい情報を仕入れることができれば、そこを起点にまた散策の足も伸びるというわけだ。

なお、町なかでの情報提供が可能になると、意外なメリットも得られたという。携帯性を考慮し、多言語対応は紙のパンフレットで対応することがこれまでは一般的だった。しかし、置き場やゴミ化の問題があり、さらには何ヶ国語もの紙のパンフレットを印刷するのも小さな地域や施設にとっては負担が大きい。実際、佐原でも年間で約1万枚ものパンフレットが印刷され、配布されていた。しかし、ICTによる観光情報の提供ができるようになれば、その半分でまかなえるようになるのではないかと期待されている。

「紙は旅の記録にもなり、ぱっと見渡せるなど利点もあるので、全部を

● 図表6-10　人気のさわら町屋館にもサイネージとスマートプレートを導入

第 6 章　少人数でもおもてなしを実現！ IoT でフロント業務を効率化 街の観光案内にも利用

なくす必要はないかもしれません。ICT と紙と両方のいいところを上手に活用しながら、観光客の皆さんがそれぞれ満足できる情報提供を実現できればと思っています」（柳瀬氏）

取得したデータを分析・活用し より魅力のある観光地を目指す

　一人ひとりにとって旅を最高のものにするためには、観光資源を提供する側が旅行者の動向を正確に知り活用することが重要となる。そうしたデータ取得はデジタルマーケティングなどでは当然のように行われているが、これまでは旅行客のリアルな動向データを取得するのは難しく、分析も困難だった。しかし、このシステムを多くの観光客が利用するようになれば、国籍や動線、魅力に感じる観光資源などのデータを取得できる。その分析によって、意外な観光スポットの魅力を発見するなど、街づくりのヒントを得ることで、新しい体験や名産品なども生み出すことが可能になるだろう。

　実際、佐原には小野川沿いの街並み以外にも、国の重要無形民俗文化財やユネスコ無形文化遺産にも認定された地域の伝統行事「佐原の大祭」や、全国約 400 社の香取神社の総本社として関東屈指のパワースポットである「香取神宮」、400 品種 150 万本の花菖蒲が咲き乱れる「水郷筑波国定公園の水郷佐原あやめパーク」など、世界的に見ても魅力的な観光スポットがある。食においても銚子漁港や九十九里浜から運ばれる海の幸をはじめ、首都圏の胃袋を支える多種多様な新鮮野菜、鰻や巨大なマッシュルームなどの意外な特産品もあれば、歴史ある地域だけに醤油や酒など発酵食品にも名品が揃う。

「地域の新たな魅力を掘り起こし、点在する観光資源を上手く連携させながら、佐原の魅力アップにつなげていきたいですね。そのためにも、データを上手に活かし、日本人だけでなく、外国人観光客にも楽しめるような着地型ツーリズムの開発や、地域産品を活かした土産物開発など、地域を活性化させていくための仕組み作りを行いたいと思っています」（杉山氏）

　佐原地域の観光地としての魅力を高め、国内外から訪れる人々との地域や世代を超えた交流・つながりを紡いでいくためにも、ICT を上手

に活用し、データを活かすことが有用と考えられている。今後はほかの
レストランや観光スポットなどにも「スマートプレート」を広げ、利用
できるエリアを拡大していきたいという。

「佐原での導入実績をもとに、同様の課題を抱えるほかのエリアにも展
開していければと思っています。日本国中どこにいっても、欲しい観
光情報が母国語で手に入る。そんな世界ができたら、日本のおもてなし
水準もぐっと上がるのではないでしょうか。あくまで人が主役であり、
ICT はサブであり、支援ツールだと思います。人が人らしいおもてな
しをするための時間を創出するために、その使い方をさらに追求して考
えていきたいと思っています」(杉山氏)

※　文中に記載の組織名・所属・肩書き・取材内容などは、すべて 2019 年 6 月時点
（インタビュー時点）のものです。

○ まとめ

課題

- 街のインバウンド需要を高める施設や観光コンテンツの整備が課題と
なっていた
- HOSTEL Co-EDO では 2 名以内の要員でお客さまへのおもてなしを
外国人対応を含めしっかり行う必要があった
- 外国人を含む宿泊客に地元ならではの情報を多言語で提供したい

導入

- クラウド型カメラをフロントに設置し、離れていても来訪者を検知し
て通知
- デジタルサイネージやタブレット端末で情報を表示
- 「スマートプレート」やタブレット端末により、タッチや QR コードで
スマートフォンに情報を送信

効果

- 1 人で運営し、フロントを離れていてもカメラで対応できる
- 観光スポットや飲食店などの地域情報を、多言語でサイネージやス
マートフォンに表示
- Wi-Fi パスワードや施設の使い方もスマートプレートにタッチして分
かる

第6章 少人数でもおもてなしを実現！IoTでフロント業務を効率化 街の観光案内にも利用

> インタビュー

観光資源の開発にICTを活用し
地域活性化のモデルケースに

杉山 義幸（すぎやま よしゆき）氏
株式会社 NIPPONIA SAWARA 代表取締役

―― 「NIPPONIA SAWARA」が古民家再生事業を手掛けることになったのは、どのような経緯からなのでしょうか。また、どのような思いがあったのでしょうか。

杉山 佐原の地域活性化にあたり、佐原が保有する観光資源をリサーチしたところ、小野川沿いの街並みが重要伝統的建造物群保存地区として手厚く保護されていることが分かりました。美しい街並みは観光客に魅力的なのは明らかでしたが、公的な支援はあくまで保護が目的で、観光資源として積極的に活用できているとは言えない状況でした。建物は長らく空き家であったり、東日本大震災でダメージを受けていたり、修繕する必要があるものもありました。重要な文化財であっても、常にコス

トがかかる存在だったのです。そこで観光資源として利益を生み出せるものに変え、得られた利益を地域や観光資源の保全のために活用していく。そうしたエコシステムを作れないかと考えました。そして古民家を宿泊施設として資源化し、官民ファンドで投資をするというアイデアが生まれ、地元の金融機関など多くの方々のご支援もあって実現したという次第です。

—— ICTによる業務効率化や観光情報の提供などを意識されたのは、どのような課題感があったのでしょうか。

杉山 地域再生の落とし穴として、何らかの資金を得てハードを充実させても、運営で回しきれずに破綻するという事例は枚挙に暇がありません。佐原でも人材確保は悩ましい課題でした。「佐原商家町ホテルNIPPONIA」は、すでに古民家再生ホテルの運用管理で実績のあったバリューマネジメント株式会社への依頼がかないましたが、HOSTEL Co-EDOでは費用的に見合わず、自前で解決する必要がありました。インバウンド対応ができる人材は限られ、幸い柳瀬さんを見つけましたが、少ない人数で運営するために、ICTの活用がかなわないか考えました。それが実現すれば多くの施設に転用でき、地域活性のモデルケースになると考えたわけです。

—— 新しい施策としてICTを導入するにあたり、心がけたことや工夫されたことはありますか。

杉山 馴染みのないICTソリューションを導入しようとしても、なかなか地域の方には受け入れられにくいものです。そこで実際に私たちが導入して効果を見せられれば、大きな説得材料になると思いました。そこで、HOSTEL

柳瀬 健介（やなせ けんすけ）氏
HOSTEL Co-EDO 宿泊マネージャー／
株式会社ミスターヤナセ 代表取締役

113

第6章　少人数でもおもてなしを実現！IoTでフロント業務を効率化 街の観光案内にも利用

Co-EDO の宿泊マネージャーである柳瀬さんが実際に活用しながら、機能の取捨選択や使い勝手の調整などを行ったのです。

柳瀬　たとえ私が不在でも、お客さまが必要な情報を手軽に取得できることを目標に、初めての方がどう使うのか、どこで戸惑うのかを考えながらフィードバックを行いました。使い勝手はほぼ問題ないと思いますが、コンテンツの魅力はもう少し工夫が必要だと感じています。例えば、情報を見たお店に予約ができるとか、現在の混雑情報がすぐに分かるとか、そうした「アクション」にまでつなげられたら理想的ですね。さらに出先でもスマートフォンをかざすとそこが何なのか、営業中なのかなど、手軽に情報が取得できるといいと思います。

杉山　我々の施策で成果が出れば、スマートプレートは小さいし、さまざまなお店に気軽に設置していただけるのではないでしょうか。Wi-Fiは必須なので、NTT 東日本にも協力いただき、街全体のインフラ整備を進めていただけるとよいですね。

—— 今後の課題と ICT に対する期待を聞かせてください。

杉山　NIPPONIA SAWARA が手掛ける地域は、現在は佐原のほんの一部分です。小野川沿いの街並みを見るだけでなく、飲食や体験などの機会を増やすことで滞在時間が長くなれば、宿泊にもつながると期待していますが、まだ十分とは言えません。香取神宮やあやめ園など近隣の情報提供を行いつつ、点在する観光地を線で結び、面としての魅力を高めていく。そのためには情報だけでなく移動手段の確保も重要な課題です。そこで中長期的ではありますが、タクシーなのか、自転車なのか、はては自動運転なのか、人が動くという行動そのものにも ICT による効率化、利便性向上が可能なのではないかと期待しています。

第 **7** 章

東京

入力業務の負担を軽減する！FAX で届く 400 件の伝票を AI-OCR で読み取る

東日本板橋花き

第 7 章　入力業務の負担を軽減する！FAX で届く 400 件の伝票を AI-OCR で読み取る

日本全国からの花き出荷情報を AI-OCR で読み取り 入力作業の稼働を削減

東日本板橋花き

　東京で花きを扱う東日本板橋花きには、全国の出荷者から切り花 1 せりあたり平均 400 件以上の送り状が FAX で届く。担当者は出荷者によって異なる送り状を見て、品名や等級・規格、入数、口数などの項目をせりに向けて前々日からパソコンに入力する。入力作業を軽減するため、AI を活用した OCR を導入。膨大な入力作業にかかる負担を軽減し人手不足の課題に対応しようとしている。

プロフィール	
株式会社東日本板橋花き	
設立	1990 年
所在地	東京都板橋区
従業員数	71 名（2018 年 7 月 1 日現在）
事業内容	生花・鉢物など花きの卸売り事業の運営

東日本板橋花き

🌸 花の国内消費の大半は個人用途

　正月を飾る松やセンリョウ、春と秋の彼岸の供花、母の日に送るカーネーション、クリスマスのポインセチア……。そのほかにも結婚式や葬式など冠婚葬祭をはじめ、さまざまな生活のシーンに彩りを添える観賞用の植物。それらの花きを私たち消費者の手に届くよう、生産者から仕入れ、それらをせりにかけたりして、街の花屋や大手フラワーチェーンが販売できるよう、生産者と小売店・量販店をつなぐ仕組みを提供しているのが花き市場である。

　東京都には中央卸売市場が11カ所設けられており、その中で花きを扱っている中央卸売市場は5カ所ある。板橋市場はその一つ。1993年2月、流通の合理化、近代化を目的に周辺の8つの花き地方市場が統合し、板橋市場花き部が開場した。

　当初、板橋市場の卸売業者として、東日本花きと板橋花きの2社が入場していたが、2001年1月、両社が合併して東日本板橋花きとなり、現在、板橋花き市場の唯一の卸売業者として市場の運営を担っている。

　2014年ごろまでは、子ども、特に女の子がなりたい職業の上位にランキングされていた「花屋さん」。しかし、今では上位にランキングされることはなくなった。その背景にあるのが、店舗の減少である。

● 図表 7-1　オフィスの廊下には全国からのサンプルが飾られる

117

● 図表 7-2　FAX で送られてくる出荷情報

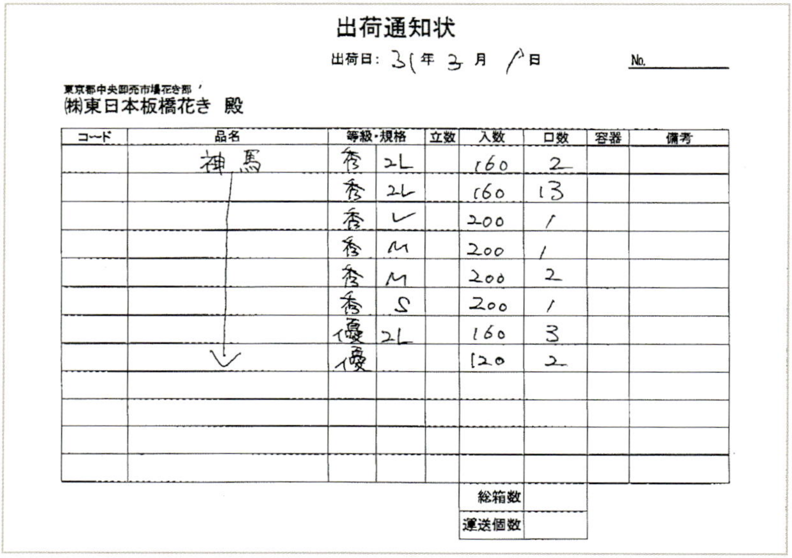

出荷通知状

出荷日： 31 年 3 月 1 日　　　No._____

東京都中央卸売市場花き部
㈱東日本板橋花き　殿

コード	品名	等級・規格	立数	入数	口数	容器	備考
	神馬	秀 2L		160	2		
		秀 2L		160	13		
		秀 L		200	1		
		秀 M		200	1		
		秀 M		200	2		
		秀 2		200	1		
		優 2L		160	3		
		優		120	2		
					総箱数		
					運送個数		

　「街の花屋さんは年々、減少傾向にあるんです。見かける機会が少なくなったと思いませんか」。こう語るのは、東日本板橋花き 取締役 情報システム部部長の内田康宏氏だ。

　総務省統計局が公表している調査「経済センサス」によると、2016 年の花・植木小売業の事業者数は 1 万 9646。2012 年の事業者数は 2 万 1792 なので、4 年間で 2146 もの事業所が減っていることが分かる。出荷量も減少している。農林水産省の統計情報[1]を見ると分かるが、切り花、鉢物類のいずれも出荷量は年々、減少傾向にある。「花を購入する人も減っている」と内田氏が言うように、切り花 1 世帯あたりの年間購入額は 1997 年の 1 万 3130 円をピークに下がり続け、2017 年は 8757 円となっている。特に若年層ほど購入金額は低く、30 代の平均年間購入額は 2688 円、29 歳以下では 2332 円である。これらのデータから、暮らしの中で花を取り入れる機会が減ってきていることが分かる。

　とはいえ、花き業界も手をこまねいているわけではない。需要拡大に向けた取り組みをしているという。「例えば 2 月の『フラワーバレンタ

*1　農林水産省『花きの現状について』（平成 31 年 4 月）

イン』というキャンペーン活動もその一つです」と内田氏は話す。

　日本でバレンタインというと女性から男性へチョコレートで愛を伝える日という文化が定着、最近ではそれがさらに拡大し、義理チョコや友チョコ、最近では自分へのご褒美という意味のマイチョコという言葉まで登場し、チョコレートの売上を支えている。だが、本来のバレンタインデーは男女がお互いに愛や感謝の気持ちを伝え合う日。そのため、欧米ではバレンタインデーに、赤いバラなどの花束にメッセージカードを添えて送ることが一般的となっている。

　その文化を日本でも普及させようと、2010年にフラワーバレンタイン推進委員会が発足。2014年には同委員会により一般社団法人花の国日本協議会が設立され、フラワーバレンタインに加え、日常の暮らしの中で花の消費を拡大するため、「WEEKEND FLOWER」、オフィスに花が合い言葉の「Flower Biz」「Flower Friday ♪」などのキャンペーン企画を展開している。

　このようなキャンペーンに取り組むのも、花きの国内消費額1.1兆円のうち、その大半である約8200億円は個人消費となっており、葬儀や婚礼、屋内緑化、レンタル植木などの業務用需要は約2800億円となっているからだ。

● 図表 7-3　季節に応じた品目の見本が展示される

日本では農家の数が年々、減少傾向にあり、花き農家も例外ではない。しかし明るい材料もある。生産者の年代構成を稲作と比較すると、45歳未満の若い農業者の割合が約2倍多くいるのである。しかも新規就農者の約85％が果樹や野菜、花きを中心作物とする選択をしているという。

約8割の花きは卸売市場経由で流通

　そのような明るい兆しも見えている花き業界。実際、生産者が作った花きはどのようなルートで私たちの手に届いているのか。近年、野菜、特に果物では生産者と直接契約して購入するというルートも増えているが、花きは約8割が卸売市場経由で流通しているという。

　東日本板橋花きは生産者から市場に届いた花きをどのように取り扱い、流通に乗せていくのか。大きな流れは次のようになる。まずは産地から届いた出荷情報をもとに入荷情報を作成する（せり前日の夕方まで）。前日から着荷した品を荷さばきする。翌朝7時または7時半からせりを行い、取引先に引き渡す。こうして街の花屋や量販店に花が並

●図表7-4　オペレータが出荷情報を入力

ぶのである。この流れの中で取引の肝となるのが、入荷情報の作成である。

　市は毎日行われるわけではない。「当市場では、切り花は月、水、金曜日、鉢物は火、土曜日に取引されています」と内田氏は説明する。花は市が立つ前日から市場に入荷する。板橋花き市場は和花が強い市場と言われており、日本全国の生産地から花が届く。多数の切り花や鉢物が生産者（農家）や農業協同組合などの出荷者から、輸入花であれば商社からの出荷情報が前々日からFAXやメール添付で送られてくる。「ほとんどの出荷情報が前々日から前日の昼頃までに届きます。それを適時、パソコンで入力し、入荷情報を作成し、取引に備えるのです」と内田氏は語る。

繁忙期には約7000行を入力　休憩がとれないことも

　特にFAXの受信が集中するのが、前日の午前中だという。「日ごろは平均で420件ほどですが、繁忙期だと570件ほどの生産者からのFAXが届きます」と内田氏。パソコンの入力行数にすると、日常が平均約4500行で繁忙期は約7000行に上るという。

　板橋花き市場を運営する東日本板橋花きにおいて、せりが行われるまでになるべく早く入力し、買い手であるお客さまに正しい入荷情報を伝え販売につなげることが、生産者の信頼に応えることになる。もちろん同社の営業としても「1分1秒でも早く売るためにも、入荷情報のスピーディーな入力は非常に重要なこと」と内田氏は言う。

　花き市場の繁忙期とは3月と9月のお彼岸、2月のフラワーバレンタイン、5月の母の日、7～8月のお盆、そして12月の下旬。ほぼ2ヶ月に1回は繁忙期があると言う。

　入力するのは5人の社員。朝6時から出荷情報が書かれた送り状（出荷通知状）を見ながら、パソコンにその情報をもくもくと打ち込んでいくのだが、入力作業は昼過ぎまで続いていく。「急かされるので、休憩はほぼとれない状態です」と内田氏は明かす。

　送り状の入力作業と聞くと、「なんだ誰でもできる単純作業ではないか」と思う人は多い。ところが、現場に行き、作業の様子を一見しただ

けで、オペレータの入力スピードの速さに目を見張る。ピアニストのようにキーボードを自在に操り、限られた時間内に入力作業をこなすその様は、誰でもできる作業とはほど遠く、まさにプロの仕事だと実感する。しかも、入力するには「それなりの経験が必要になる」と内田氏は言い切る。

なぜか。第一は送り状の多様さがあげられる。「生産地の数だけ送り状の書式があると言っても過言ではない」と内田氏。東日本板橋花きでは所定の送り状を用意しているが、「それを使っているのは1割に満たないぐらいで、後は自前の送り状を使っている」と内田氏は続ける。個人生産者の中には、「チラシの裏に出荷情報が書かれているケースもある」と言う。

送り状の書き方は切り花と鉢物でも若干異なる。切り花の場合は品名と入数（箱に入っている本数）、口数（箱の数）、出荷者名の明記が最低限、必要になる。花には等級やサイズがあるため、それを記入する欄が設けられており、本来はそこまでの記入が望ましい。ハウスの横などにある箱詰めの作業場で記入することもあるらしく、「出荷情報自体はしっかり記載されてはいるのですが、手書きなので文字の読みづらい生産者の方も多いのです」と苦笑いを浮かべる。

一方、鉢物も最低限、記入すべき項目は切り花と同じだが、規格の欄に鉢寸の明記が必要になる。ファレノやシンビジウムなどは立数（株の数）なども書かれていることが望ましいという。

そしてこれらの項目が、送り状ごとに配列が違っていたりするのである。入力作業を担当する社員はそれを踏まえて入力していく必要があるというわけだ。

第二が品目・品種の多さである。例えば、花持ちのよさや色の豊富さなどから冠婚葬祭をはじめ、幅広く切り花として用いられるトルコギキョウは、品種改良が盛んな花の一つだ。すでに国内で流通している品種だけでも400品種以上もあるトルコギキョウだが、大手種苗会社から2019年向けに9つの新品種が出されている。さらに国内産出額1位のキクは、世界で1万種、産出額4位のバラは世界で3万種、4万種あるとも言われている。

一方、例えば白の輪菊は、弔儀には欠かせない。花にはそれぞれ出荷時期がある。そこで白の輪菊を周年出荷するために、品種を改良し、そ

● 図表 7-5　国内で 400 品種以上流通しているトルコギキョウ

れを可能にしているのだ。キクの一大生産地である愛知県では白の輪菊で最も有名な「神馬」を 11 月から 6 月上旬ぐらいまで出荷し、それ以外の時期は「精の一世」や「岩の白扇」という品種を出荷するという。

　このように、一般的な人にとっては馴染みのない品種名が書かれて送られてくるのである。中には殴り書きのような形で書かれている送り状もあるため、それを読み解くのに経験が必要になるというわけだ。

販売の主流は相対取引に 入荷情報を早く正確に公開する

　これらの送り状をいかに早く正確に入力し、入荷情報として提供するか。この課題は東日本板橋花きだけの問題ではなく、多くの卸売会社が抱える問題でもある。そこで花き業界では、流通における FAX による送り状のやり取り業務を効率化する手法の一つとして、EDI（電子情報交換）を導入してきた。

　東日本板橋花きでも日本花き卸売市場協会が定めた花き EDI 標準フォーマットや県連・県本部で使われている EDI「フロリスネット」などを活用し、出荷情報のやり取りを効率化する取り組みを行っている。

しかし「花きEDIフォーマットは一部の輸入商社、フロリスネットの出荷情報も一部にしか活用されていません。個人生産者をはじめ、そのほか多くの生産者はこれらのシステムに対応できず、どうしてもFAXに頼らざるを得ないのが現状です。FAXで出荷情報が来る割合は、8〜9割となっています」と現状を吐露する。

そして、入力作業を人が行うことの最大の課題は、入力ミスが発生してしまうことだ。

卸売市場に届く花はすべてせりにかけられるわけではない。実は、卸売市場でせりは減少傾向になっている。「現在、板橋花き市場でせりにかけられる切り花は年平均約25%。かつては午前中一杯かけてせりが行われましたが、今では2〜3時間ほどでほぼ終わってしまいます」（内田氏）

ではどうやって販売されるのか。その大半を占めるのが、相対（あいたい）という取引方法である。相対とは、せりを行う前に東日本板橋花きの営業担当者と、買い手である仲卸業者や専門店、量販店などの取引が認められた業者（売買参加者＝買参人（ばいさんにん））の間で交渉して行う取引の方法である。東日本板橋花きでは買参人向けのネット取引サイトを設けている。ここに入力した情報が入荷情報として公開されていく。買参人はここに掲載さ

●図表7-6　初夏の時期に切り花として人気の高いアルストロメリア

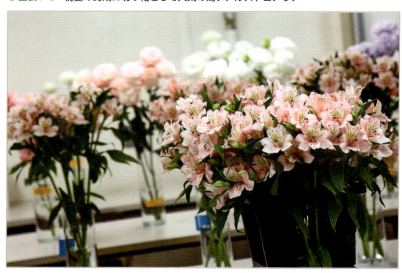

れた情報を見て、予約相対の発注ができるというわけだ。

　つまり主流の取引方法である相対をスムーズに行うためにも、なるべく早く入荷情報を入力し終わる必要がある。だからこそ、せりが行われる前日の午前中は、休みなく入力作業が行われるのだ。だが、人の手入力による作業なので、どうしてもミスが発生しがちになる。その対策として東日本板橋花きでは、「入力した人とは異なる第三者が送り状と入力情報を照らし合わせて、正しく情報が入力されているか確認作業を行う」という方法を採用している。しかし確認するのもあくまでも人。ミスをゼロにすることは難しい。

　「出荷情報を誤って入力してしまい、お客さまから『届いた品物が違った』とお叱りを受けたことも幾度とありました」と内田氏は振り返る。せっかく、休むことなく入力したのにもかかわらず、ミスしたことで、お客さまに迷惑をかけてしまう。こういうことが都度、起こると、「仕事を辞めたいという気持ちにもなってしまいます。以前、入力業務にパートの方が3人携わってくれていたのですが、その方たちが辞めたのも、勤務時間の課題や作業の適性もありましたが、入力ミスがお客さまや営業に大きな影響を及ぼすため、責任が重いことも理由にあったと思います」と内田氏は語る。

入力作業の軽減、ミスを防ぐ手段として OCR の導入を検討

　出荷情報がFAXで送られてくることは、これからも続くことが予想される。人も簡単には増やせない。ではどうすれば、1人あたりの入力作業の負担を減らし、より働きやすい環境にすることができるのか。

　2018年春、この課題を解決するために内田氏が導入を検討したのがOCR[2]である。OCRは紙の書類をスキャンして画像化し、その画像ファイルの中から文字を自動的に読み取り、文字データに変換する技術で、40年ほどの歴史がある。なぜ、このタイミングで内田氏がOCRに着目したかというと、機械学習やディープラーニングというAI[3]の技術を用いることで、OCRの精度が高まっていたからである。

---

[2]　OCR (Optical Character Recognition)：光学文字認識

[3]　AI (Artificial Intelligence)：人工知能

第7章　入力業務の負担を軽減する！FAXで届く400件の伝票をAI-OCRで読み取る

● 図表7-7　AI-OCRを活用した出荷情報の入力イメージ

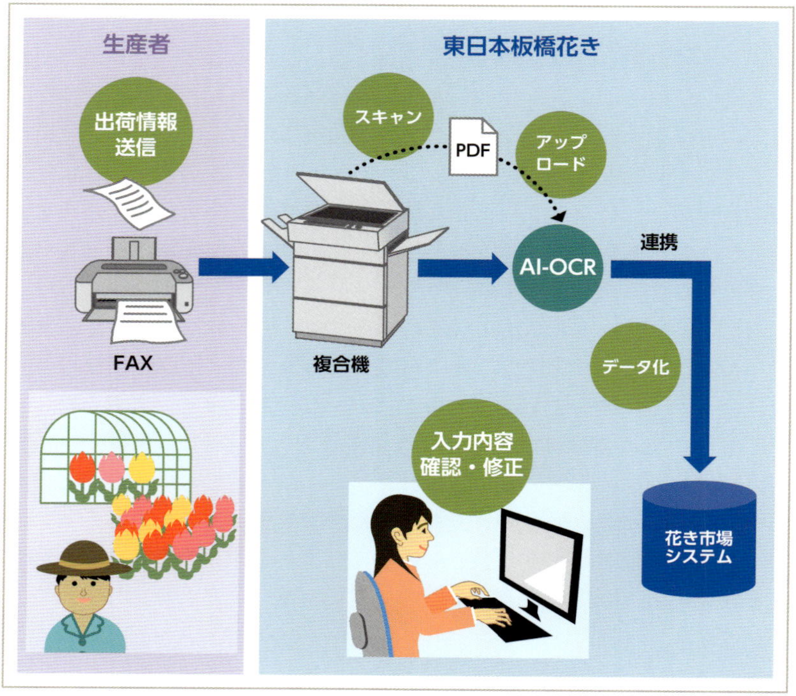

　ほかの市場ですでに使っているOCRシステムがあったので、そのデモを見たり、また実際に市販品のOCRをいくつか試したりしたという。しかし「ピンと来ませんでしたね」と内田氏は明かす。「思ったほど、精度がよくなかったのが一番の理由です」（内田氏）

　そんなとき、NTT東日本が新しくOCRのサービスを始めるという話を聞いた内田氏は、「ぜひ、見せてもらいたい」と思ったという。それが「AIよみと〜る」だった。

　これまでNTT東日本との付き合いといえば、電話回線のメンテナンスぐらいだったため、当初は「NTT東日本がそんなサービスもやっているなんて思いもしなかったので驚きましたね」と内田氏は語る。「AIよみと〜る」で実際の送り状を取り込むというデモンストレーションを行ってもらったという。これまでのツールではその精度の低さから諦めていた内田氏だったが、「これなら使えそうだ」と実感したという。

「AIよみと〜る」の特長であり、内田氏が評価した最大のポイントが、送り状の中から入荷情報に必要な部分を設定することができ、それをデータとして取り込めるところである。しかも操作も簡単。送り状を複合機のスキャナで読み取り、PDFに変換した送り状を利用者画面で表示する。その画面から読み取って欲しい箇所をマウスで囲むと、欲しい情報だけが読み取られ、しかも並べたい項目順に並び替え、CSVファイルとして出力してくれるのである。「必要な項目だけを選んで読み取ってくれ、しかもこちらが欲しい形でデータとして出力してくれるんです。ここが一番使えると評価したポイントです」（内田氏）

先述したように、送り状の形式はバラバラ。その一つ一つに対応するためには、読み取る場所を自由に設定できる機能が不可欠だったというわけだ。

使えると思った理由はそれだけではない。第二の理由はこれまで見てきたさまざまなOCRツールの中でも、「読み取り精度がかなりよいと判断できたこと」と語る。

「AIよみと〜る」の読み取り精度の高さは、ディープラーニングというAIの技術を活用していることに加え、ユーザー辞書データベースや住所データベースという補正用データベースを適用していることによる。NTT東日本が複数の会社の実際の業務シーンで「AIよみと〜る」をトライアル活用した実測値によると、その読み取り精度は約96％だという。「AIを活用したOCRの読み取り精度を調べると、ほとんどが99％となっています。しかしこれはあくまでもメーカーの公称値。実際の業務シーンでの読み取り精度が96％ということにも信頼を感じました。活用してAIに学習させていくことができれば、さらに精度が高まってくると期待しました」（内田氏）

また「AIよみと〜る」の機能として、見逃せないのが、複数行折り返しや二重線訂正の判読ができることだ。これらの優れた機能が読み取り精度の高さと使い勝手のよさにも結びついていると思われる。

第三の理由は料金体系だという。「AIよみと〜る」はクラウドサービスとして提供しているため、新たにシステムを構築する必要がない。しかもスキャナとインターネット接続環境があれば初期費用がかからず、現実的な月額の基本料（読み取り箇所6万まで）だけで始められる。「しかも2ヶ月間のトライアルプランが用意されているので、安心して導

入することができました」と内田氏は語る。実際、ほかの AI-OCR の場合、数 10 万円の初期費用に月額基本料、従量課金制が採用されているものが少なくなく、「初期費用が高くかかるのであれば、採用はできなかったと思う」と内田氏も語る。

送り状の約 15％は AI-OCR で処理 作業時間が短縮されミスも減少

2018 年 1 月 23 日、NTT 東日本が「AI よみと〜る」の提供を開始したことを受け、東日本板橋花きでは「AI よみと〜る」の本番導入を開始した。

先述したように東日本板橋花きに FAX で届く送り状は千差万別だ。その中でまず、板橋花き市場が用意している送り状やその他の定番の送り状については、読み取り場所や項目の設定など、帳票定義を行っている。こうすることで、いちいち、読み取るカ所を選択しなくても、自動で必要な情報を読み取ってくれるというわけだ。正しく読み取られているかどうかも、紙の送り状を見ることなく、画面上で確認できる。

品種コードについては、読み取った品名を基幹システムに登録されているマスターテーブルと紐付けするような仕組みが用意されており、人が入力する必要はない。また短縮された品種名が書かれていたり、同じ品種なのに異なる読み方が書かれていた場合も、自動で正しい品種名が表示されるようになっているという。

「特に洋花で多いですね。ユリにマーロンという品種があるのですが、マルロンと記入されていたり。ドラセナという観葉植物のコルディリネという種類はコーディラインという読み方もできるのですが、その名前が書かれていたりすることもあります。そういうもの

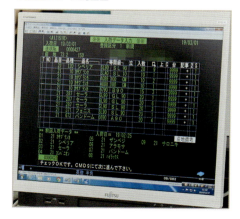

● 図表 7-8　入力画面

が出てくるたびに、変換テーブルに登録し、自動で変換できるようにしています」（内田氏）

　もし読み取り結果が間違っていれば、その場で修正するだけだ。従来、入力作業以外に確認作業にも時間がかかっていたが、「AIよみと〜る」の導入によって、その作業も軽減できるというわけだ。

　もちろん、すべての送り状が「AIよみと〜る」で正確に読み取れるわけではない。「現在、読み取れる送り状は全体の約15％」と内田氏は言う。そのため、FAXで届いた送り状を、「AIよみと〜る」にかけるかどうかを判断する手順があるという。だが、それも「これはダメ、これはいけそうだと、判断できるようになりました」と内田氏は言う。

　送り状の15％しか読み取れないのかと思う人もいるだろう。だが内田氏は「送り状の15％"も"入力が不要になった」と強調する。それだけの入力時間が短縮されたため、たとえ繁忙期であっても、入力作業でお昼休みが取れないということはなくなるのではないかという期待があるという。第二の効果は、間違いが削減されたこと。「きれいに書かれている送り状であれば、ほぼ間違って入力されることはありません。このあたりは人間より正確です」と内田氏。第三の効果は、オペレータがこれまで入力作業に慣れるためにはそれなりの学習時間が必要だった

●図表7-9　種苗会社のトルコギキョウも展示されている

第7章　入力業務の負担を軽減する！ FAX で届く 400 件の伝票を AI-OCR で読み取る

が、OCR を導入したことで「学習時間の短縮につながるはず」と言う。

本当の効果が見えるのは 1 年後 社員全員が働きやすい職場をめざす

　とはいえ、本当の効果は 1 年を通して活用してみることで見えてくるという。季節ごとに産地の切り替わりや新しい花なども登場してくるからだ。1 年通して活用することで、実際に何割の送り状が読め、どのくらいの作業時間の短縮が実現したのかが把握できるという。同時に内田氏は「AI よみと〜る」の手書き文字のさらなる読み取り精度の向上、さらに読み取り箇所の自由度もしくは特定率の向上にも期待を寄せる。「とにかくいろいろなレイアウトパターンの送り状があるので、その定義の自由度が向上するとうれしいですね。使い勝手もよくなりますし、OCR にかけられる送り状の数も増やせると思います」(内田氏)

　NTT 東日本では「AI よみと〜る」と連携して使える「おまかせ RPA」というサービスを提供している。現在、「AI よみと〜る」で取り込んだデータは、CSV に出力した上で基幹システムに取り込むという作業をしているが、この辺も RPA を導入して自動化を実現していくことに期待を寄せているという。

「私が目指しているのは、社員みんなが働きやすいと思ってくれる職場です。それが実現できるのであれば OCR や RPA をどんどん取り入れていきたい。これからの技術、サービスの進化に期待したいですね」

　東日本板橋花きの入力作業の効率化による働き方改革は、これから本番を迎える。

※　文中に記載の組織名・所属・肩書き・取材内容などは、すべて 2019 年 3 月時点 (インタビュー時点)のものです。

東日本板橋花き

○ まとめ

課題
- FAX で届く送り状（出荷情報）の入力作業時間を短縮し、繁忙期でも昼休憩がとれるようにしたい
- 個人生産者には EDI が十分普及していないため、手書きの送り状が中心。手書きの送り状に記載された出荷情報を、少ない労力で的確に拾い出したい
- 入力ミスをすると、取引客に大きな迷惑をかけてしまうため、人的ミスが発生する要因をできるだけ減らしたい

導入
- AI-OCR を導入。複合機で読み取った送り状を AI-OCR が CSV 化
- あらかじめ設定した帳票定義に従い、必要箇所を読み取りデータ化
- 読み取り結果が正しいか画面で確認。間違っていればその場で修正する
- 出力した CSV データを、基幹システムに取り込み、入荷情報として公開する

効果
- 約 15％の送り状が OCR で読み取ることができるようになり、入力時間が削減された
- 人による入力が減ったことで、入力ミスも減らすことができた
- 入力作業が一人前にできるようになるまでにかかる学習時間の削減が期待できる

> 第7章　入力業務の負担を軽減する！FAXで届く400件の伝票をAI-OCRで読み取る

インタビュー

スピードと正確さが求められる花の出荷情報の入力
AI-OCRで、人にかかる負担の軽減を

内田 康宏（うちだ やすひろ）氏
株式会社東日本板橋花き 取締役 情報システム部 部長

——　花が街の花屋さんに届くまでにどのようなプロセスがあるのでしょうか。

　切り花はせりが行われる前々日から、出荷情報が生産者から届きます。この情報をせりの前日の夕方までに入力します。せり前日から荷さばきを始め、そして切り花は朝7時、鉢物は7時半からせりを行い、花きを引き渡します。こうして午前中には街の花屋に花が並ぶのです。
　せりは毎日行われるわけではありません。板橋花き市場では切り花の市が立つのは月、水、金曜日で、火と土曜日は鉢物の市が立ちます。
　卸売市場ではせりですべての花きが販売されていると思われがちです

が、実はせりにかけられる花きは年々減少しており、当市場でせりにかけられる花きは切り花の場合約25％。残りの大半は相対と呼ばれるせり前に行われる販売方法で取引されているんです。そこでこの相対販売をスムーズに行うために、出荷情報の迅速で正確な入力作業が重要になります。

—— 出荷情報のほとんどが FAX で届くということでした。このあたりの IT 化は進んでいないということでしょうか。

　出荷情報の8～9割は FAX で届きます。その数平均420件ほど。繁忙期だと600件近くの FAX が届きます。行数にすると平均で約4500行、繁忙期では約7000行になります。これらを5人の社員でせり前日の朝6時から入力するのですが、休憩やお昼休みがとれないことも、多々あります。

　FAX 以外の手段としては、日本花き卸売市場協会の花き EDI やフロリスネットという EDI の仕組みがあります。しかしこれらを活用しているのは一部の出荷者。多くの個人生産者はパソコンなど、環境が整備されていないことも多いので、このような仕組みを使うことはありません。出荷作業をしながら送り状を手書きすることが大半となっています。最近ではタブレットの導入なども進んではいますが、年配の生産者も多いので、FAX をなくすことは、当分は難しいと考えています。

—— 人数を増やすことなく、入力作業を早く正確に行うための手段として OCR の検討を始めたのですね。

　そこでほかの市場で導入している OCR を見せてもらったのですが、読み取り精度が期待していたものと違っていたため、「これはうちでは使えなさそうだ」と思いました。そのほかにいくつか市販品も試用してみましたが、導入は難しいという判断でした。

　「ほかにないかな」と探していた頃、紹介されたのが NTT 東日本の「AI よみと〜る」でした。実際の送り状を使ってデモンストレーションをしてもらい、手書き文字の読み取り精度はなんとか運用に耐えられるレベルだと判断しました。そして私が最大に評価したポイントが、送り状ごとに必要な場所を設定して読み取れること、しかもその設定をマウ

第 7 章　入力業務の負担を軽減する！ FAX で届く 400 件の伝票を AI-OCR で読み取る

ス操作で簡単にできることでした。パソコンの習熟度に関係なく、簡単
に操作できるという点がポイントでした。

　さらに私たちでも導入しやすい料金体系も魅力でした。AI-OCR の中
には、初期導入費用がかかるものが多いのですが、「AI よみと〜る」は
スキャナとインターネット接続環境があれば初期費用はゼロ。クラウド
サービスなので、万一、使えないなと思えば、やめることもできます。
そういう導入の手軽さも評価しました。

—— AI-OCR の導入でどのような効果が得られているのでしょう。

　本当の効果が分かるのは、1 年後です。というのは、季節によって生
産者も入ってくる花も変わるので、1 年を通じて見てみないと、どれぐ
らいの効果があったのか、正しく判断できないからです。

　導入してまだ 1 ヶ月ですが、現在、約 15％の送り状を AI-OCR で読
み取ることができています。15％というと少ないイメージを持つかもし
れませんが、そうではありません。約 15％の送り状の入力をする必要
がなくなり、作業負担が軽減されることによるミスの低減、入力時間の
削減が実現しています。またこれまで入力作業を一人前にこなすために
かかっていた学習時間の削減も、期待できると考えています。

—— 今後の展望について教えてください。

　RPA の導入を検討しています。例えば現在、OCR で入力されたデー
タを CSV に出力し、基幹システムに取り込んでいる作業を、RPA で自
動化するような仕組みができれば、より業務効率化が図れますからね。
もちろん、RPA の活用は出荷情報の入力業務の自動化だけではありま
せん。もっとさまざまな業務で活用できるのではと考えています。社員
が働きやすい職場にするため、IT をどう活用できるか。考えていくこ
とが私の務めだと思っています。

第8章

福島

定型業務を効率化したい！
RPAで職員の働き方を改革
住民サービスに有効活用

福島県会津美里町

第8章　定型業務を効率化したい！RPAで職員の働き方を改革 住民サービスに有効活用

地方自治体の多忙な業務を少人数で処理
RPAで働き方改革と住民サービスの向上へ

福島県会津美里町

　福島県の西部、会津盆地の南西部を占める町、会津美里町。少子高齢化により人口減少が続く日本では、どの町役場においても職員数の適正化が図られているが、会津美里町でも職員は年々減少傾向にある。これに対し、職員の業務を効率化して生産性の向上と働き方改革を実現し、省力化した時間を町民サービスに充て、サービスの充実を図ることを目的に、「WinActor」を活用したRPA活用実証実験を行った。

プロフィール

福島県会津美里町

人口	20257人（2019年8月1日現在）
世帯数	7318世帯
面積	276.33平方メートル

 ## 人口 2 万人の自然豊かな町、会津美里町

　東を奥羽山脈、西を越後山脈、北を飯豊山地、南を帝釈山脈などに挟まれた福島県西部一帯を占めている地域、会津地方。会津地方の中核都市会津若松市の中心部から車で約 20 分の距離にあるのが、会津美里町である。会津美里町は 2005 年、会津高田町、会津本郷町、新鶴村が合併してできた町である。現在の人口は約 2 万人。日本の市町村の中では、比較的小規模と言える自治体だ。

　会津地方は福島県の中でも、観光客が多く訪れる場所だ。会津地方で最も有名な観光スポット「鶴ヶ城」があるのは会津若松市だが、同市に隣接する会津美里町にもさまざまな観光名所や会津を代表する名物がある。観光名所として一例をあげると、「会津」という地名発祥の起源に由来する伊佐須美神社、野口英世ゆかりの中田観音、会津最古級の寺とされている法用寺、徳川家康の知恵袋、天海大僧正が出家した寺と伝えられる龍興寺などの神社仏閣がある。会津美里町のイメージキャラクター「あいづじげん」は、天海大僧正が 108 歳で亡くなったときに朝廷から送られた諡号「慈眼大師」から来ている。合併 5 周年の 2011 年 3 月に誕生したが、その直後に東日本大震災が起こった。起き上がり小法師

● 図表 8-1　豊かな自然に恵まれる会津美里町の風景

● 図表8-2　会津美里町イメージキャラクター「あいづじげん」

のような形態となっていることから、震災の被害からの復興にマッチしたキャラクターとしても活躍している。

　一方の名物としては肉厚でゴルフボール以上の大きさにもなる高田梅、国際線のファーストクラスにも採用された新鶴ワイン、400年以上にわたってきた会津を代表する伝統工芸品である会津本郷焼などがある。

　このように会津美里町は観光資源にも恵まれた町だが、主力産業は農業である。稲作を中心に野菜、果樹などを取り入れた複合経営が行われている。また第二次産業としては、電磁器関係の碍子[*1]や一般食器などの窯業が盛んな地域だ。

　少子高齢化の影響により、日本の人口は2008年をピークに減少傾向に転じている。会津美里町においては、さらにそれを上回る速度で人口減少が続いているという。2005年度には約2万4740人だった人口が、

*1　電線の絶縁に用いる器具。素材としては磁器、ガラスなどが用いられる。

2015年度は約2万910人[*2]と、この10年間で約3830人減っているのだ。この背景にあるのは出生数の低下だけではない。地方自治体の悩みの一つである、若年層の恒常的な流出が大いに影響している。

　人口が減少すると、地域経済も縮小し、地域社会のさまざまな基盤の維持が難しくなってしまう。そこで同町でも人口減少の加速化を食い止めるべくさまざまな取り組みを行っている。例えば安定した雇用を生み出すための産業振興、新規企業への支援などの取り組みはその一つだ。また安心して子育てができるような子育て支援、さらには新しい人の流れを作るべく、移住定住に関する情報発信の強化にも努めるなど、移住定住者の促進事業にも取り組んでいる。

住民サービスの向上、働き方改革を目的に RPA導入を検討

　会津美里町では2019年5月7日、同町の新たな顔として町役場本庁舎が完成、業務を開始した。同施設は庁舎機能のほか、公民館や図書館、ホールの機能を備えた複合文化施設となっている。町民からも親

●図表8-3　2019年2月に竣工したばかりのじげんプラザ（庁舎および複合文化施設）

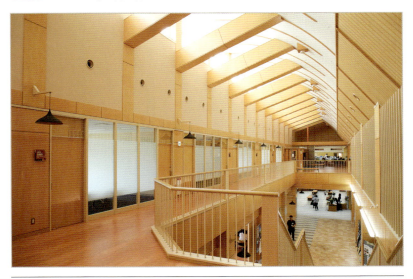

*2　総務省統計局「統計でみる市区町村のすがた2019」

● 図表 8-4　400 年の歴史を誇る会津本郷焼の作品を壁に展示

しみを持ってもらえるよう、同町のキャラクター「あいづじげん」をもじった、「じげんプラザ」という愛称が付けられている。この愛称は公募により決まったものだ。じげんプラザに一歩足を踏み入れると、木のぬくもりが伝わってくる。また自然採光を多く取り入れる仕組みとなっているほか、太陽光発電、地中熱の採用など、省エネルギーで自然環境にも配慮した建物となっている。

　会津美里町ではこの新庁舎ができるまで、会津高田町、会津本郷町、新鶴村の3つのエリアに役場を置き、業務を分散して執り行ってきた。しかし5月以降は新鶴と本郷に支所は置いているものの、この新庁舎に業務を集約している。

　業務の集約が行われたこともあり、職員数も最適化が図られ、現在の職員数は約200人。合併時は約300人の職員が働いていたが、徐々に職員の数を減らしている。

　職員数が減ると、1人が担当する業務も増える。同町でも職員の働き方改革を推進しており、時間外労働を増やすことはできない。それだけではない。「笑顔あふれる町」を合い言葉に、住民サービスの向上にも取り組んでいる。

　そこで「業務の効率化を実現する手段として注目していたのがRPA

でした」と、同町のIT化施策を担当する総務課防災情報係主査の猪俣佑一氏は語る。猪俣氏はセミナーなどに積極的に参加し、RPAなど最新のITに関する情報を収集していたのだという。

　RPAは明確なルールにもとづいた定型処理作業や、あるアプリから別のアプリへの転記など、繰り返し発生する作業を得意としている。

　このような特徴を持つ単純作業が、役場の業務にはまだまだたくさんあったという。「それらの業務にRPAを導入して自動化すれば、業務の効率化が図れ、職員の勤務時間も削減できると考えていました」(猪俣氏)

　そんなとき、NTT東日本の担当者からRPAの紹介を受けたのだという。「2018年10月か11月頃だったと思います。その話の中で実証実験を行い、効果を確かめてみようということになりました」(猪俣氏)

 RPA活用にマッチする業務を選定

　2019年2月より、猪俣氏が導入の候補となる業務の選定と絞り込みを開始。これがフェーズ1である。「私自身が役場のすべての業務を把握しているわけではありません。そこで全部署にRPAに置き換えられ

●図表8-5　オープンな窓口が町民に開かれている

第8章 定型業務を効率化したい！RPAで職員の働き方を改革 住民サービスに有効活用

● 図表 8-6　まず総務課（防災情報係）で検討が行われた

そうな、繰り返し行っている単純作業はないか照会をかけました」（猪俣氏）

　すると4部署から「試してみたい」と手があがったという。その中からRPAにマッチする業務を猪俣氏が絞り込んだ。それが今回実証実験の対象となった「源泉徴収10日支払業務」「人事発令情報転記業務」「期末勤勉手当転記業務」の3業務である。

　第一の源泉徴収10日支払業務とは、財務会計システムのうちの収納データをExcelに取り込み、会津若松税務署に支払う源泉徴収額の積算データを加工する作業で、歌川和仁氏が係長を務める出納室が担当している。「町が主催した講演会などで登壇した講師の方には謝礼が支払われるのですが、その際、源泉徴収を行います。出納室では毎月10日までに徴収した税金を会津若松税務署に納付するため、歳出伝票ごとの源泉徴収額や支払った講師の人数、総額をまとめ、納付書にマッチするような形にExcelで加工するという作業が発生しています。この業務は比較的若い職員が一人で担当しているのですが、毎月処理件数は1ヶ月に約100件、多いときだと400件にもなります。しかも作成した後は、チェックも必要になる。そのため年間で24時間の作業時間を要してい

ました」(歌川氏)

　歌川氏はこの定型業務を効率化するため「システム化したい」と要望していたという。だが、予算に余裕がないことから、システム化が進んでいなかった。そんなときに猪俣氏から「システム化までのつなぎとして、RPAで試してみてもらえないか」という声がかかったのだという。「自ら手をあげたというより、その提案に乗ったというのが本当のところ」と歌川氏は明かす。

　第二の人事発令情報転記業務と第三の期末勤勉手当転記業務は総務課総務係の金田氏が担当している。

　人事発令情報転記業務とは、毎年1月の昇給、4月の人事異動にともなう発令情報を加工する業務である。「具体的には個人ごとに発令の履歴を管理するため、人事給与システムから発令情報を抽出し、個人ごとに作成したExcelファイルに転記することを行っています。1月は職員の人数分の約200人、4月はそれよりは少なくなるものの約100人の発令情報を転記する作業が発生します。この作業だけで年間30時間以上要していました」(金田氏)

　もう一つの期末勤勉手当転記業務とは、6月と12月に支給される期

● 図表8-7　多くの事務処理がRPAで効率化されることに期待が寄せられている

第 8 章　定型業務を効率化したい！ RPA で職員の働き方を改革 住民サービスに有効活用

末勤勉手当、いわゆるボーナスの額を加工するという業務だ。「これも先の人事発令情報と同じで、個人ごとに履歴を管理するために、人事給与システムから手当の額を抜き出し、Excel に転記するのです。転記した後、読み合わせもするのですが、数字の打ち間違いなども発生していましたね」と金田氏。処理件数は約 200 件、年間で 42 時間ぐらい時間を要していたという。

RPA は「WinActor」を採用

　これら 3 業務について、RPA を導入し、その効果を確かめることにした。この業務の絞り込みと並行して行われたのが、各業務の詳細なヒアリングである。「具体的な作業手順の確認、業務フローの作成などについては、実証実験のもと NTT 東日本の担当者に作成していただきました」（猪俣氏）

　採用した RPA は、NTT アクセスサービスシステム研究所で研究開発された技術をベースに、NTT アドバンステクノロジが商品化した純国産 RPA「WinActor」である。

　WinActor は 2014 年から提供されており、すでに累積導入実績は国内で 4000 社以上（2019 年 9 月末）になっており、国内では最大級のシェアを獲得している。これほどまでに採用が進んでいるのには理由がある。WinActor はオンプレミスのほか、クラウドでも動作が可能など、ユーザーニーズにフレキシブルに対応できるという強みを持っているのだ。

　またソフトウェアスキルなしに利用できるのも WinActor の強みとされている。ただ、業務担当者自らが改善シナリオを作成できると言われてはいるものの、業務担当者がいきなりシナリオを作るのはなかなか至難の業だ。しかも今回の実証実験を行ったのは 3 月。

●図表 8-8　RPA の初期メニュー画面

※　画面はイメージです

役場にとっても繁忙期である。「当初は期末なので実証実験は難しいと考えていました」と猪俣氏。しかし、NTT東日本が全面サポート。RPAを動作させる端末環境の準備、RPAのシナリオ作成や動作の検証などについては、WinActorの知見を持つ専門家に任せることができた。「そういった状況が整ったことで、繁忙期にもかかわらず、実証実験を実施できました」と猪俣氏は語る。

実証実験に入る前に、選定された業務を担当する歌川氏、金田氏をはじめ、今回、RPA導入に手をあげた部署の担当者なども参加し、WinActorの操作に関する研修会を実施してもらったという。「シナリオさえ作成してしまえば、ソフトの操作は簡単です。ですが、プログラミングなしとはいえ、業務担当者が業務フローをすぐさまRPAの操作シナリオにするのはかなり難しいと感じました」と猪俣氏は明かす。

「感動しました」と言わずにいられないほどの導入効果

RPAを先の3つの事業に導入すると、すぐにその効果は実感できたという。歌川氏、金田氏は「感動しました」と口を揃える。それぐらい、WinActorは大きな効果をもたらした。源泉徴収10日支払業務に関しては、手作業だと1件18秒かかり、100件だと1800秒かかっていたが、RPA導入後は1件あたり3秒と短縮され、100件でも300秒で終わる。つまり1500秒もの時間が短縮されることになる。年間にすると約5時間の削減ができるということだ。しかもRPAが作業をしている間は、他の業務に従事できる。「件数が多くなればなるほど、RPAの効果はさらに大きくなる」と歌川氏。

金田氏が担当する人事発令情報転記業務や、期末勤勉手当転記業務でも大きな効果が得られたという。人事発令情報転記業務については、これまでの手作業だと1件あたり360秒かかっていたが、RPA導入後は1件あたり18秒で処理完了。「100件だと3万6000秒かかっていたことが、1800秒、従来の5%の稼働時間で完了できるのです。しかも打ち間違いもありません。例えば名字と名前の間にスペースがあったり、なかったりしても、ちゃんと対応できるようになっているんです。スピードももちろんですが、正確さにも驚きました」（金田氏）

● 図表 8-9　じげんプラザには町民のための憩いの空間が設けられている

　一方の期末勤勉手当転記業務は、従来 1 件あたり 756 秒かかっていたのが、RPA 導入後は 1 件あたり 72 秒となった。年間で処理件数が 200 件発生することが想定されるため、年間では 38 時間の稼働時間が削減できることが分かったという。

　RPA の効果は、作業に要していた時間が単純に削減されるだけではない。「作業が自動化されるため、その作業に要していた時間を他の業務に充てられるようになることが大きいですね」と歌川氏。金田氏も「お昼休みに RPA をセットすれば、午後一には転記処理が終わっているので、すぐチェック作業に入れます。勤務時間を有効活用できるようになることが最も大きな効果だと思います」と続ける。

　このように RPA 導入によって空いた時間をその他の住民サービスに活用することで、住民サービスの向上にもつながるのである。もちろん、職員の残業時間の削減も期待できるため、コスト削減にも貢献する。歌川氏はさらに「引き継ぎがしやすくなるのも大きなメリットです」と語る。自治体職員の異動は約 3 年周期。そのたびに引き継ぎが行われる。「RPA で業務を自動化すれば、『あの人がいないと困る』ということがなくなり、誰がやっても正確にできるようになる。ですが、忘れてはならないのは、引き継ぎをする人にちゃんと業務の中味を理解さ

福島県会津美里町

せること。この業務の目的は何か、どんなプロセスで行っているのか。そういった業務の中味を分かった上で、RPAを活用していくことが大事だと思います」(歌川氏)

　残業時間の削減や引き継ぎのしやすさは、大きな意味で働き方改革にもつながる。

　だが、メリットだけではない。今回の実証実験では、反省点もあったという。「業務プロセスをもっと詰めれば、より効果が出たと思う」と歌川氏は話す。猪俣氏も「期末だったこともあり、事前に業務を整理する時間が取れず、従来の業務プロセスをそのままRPAで自動化することとなりました。もう少し、業務を見直し、整理すればさらに大きな効果が得られたと思います」と歌川氏の指摘に同調する。

RPA導入補助事業に採択
さらに活用範囲を広げる

　実証実験でRPAの有用性を実感した会津美里町では、RPAの本格導入を検討すべく動き出した。総務省が公募していた「RPA導入補助事業」に応募したのだ。実証実験が終了したのは3月末。提出期限は4月15日の午後2時までと時間は短かったが、そこから成果をまとめ、それを踏まえた上で提案書類を提出したのである。6月4日に会津美里町の提案したものの採択が決定した。「補助率は3分の1です。9月に開催される議会で補正予算の議決を得た後、10月から現在の3業務に加え、さらに追加業務にも導入の検討を行う予定です」(猪俣氏)

　歌川氏、金田氏も「ぜひ、他の部署の人たちにも感動してもらい、その思いを共有してもらいたい」と語る。

　そこで現在、猪俣氏は新たにRPA導入すると効果が出そうな業務の検討を開始している。「実は前回、募集したとき、RPAのことがよく分からないため、手をあげることができなかった部署もありました。今回は、すでに具体的な事例があります。それを参考に各部署で業務の洗い出しをしてもらえれば、RPA導入にマッチした業務がたくさん出てくるのではと期待しています」(猪俣氏)

　そして実証実験の反省を踏まえ、追加でRPAを導入する業務については、「業務プロセスの見直しもじっくりしたい」と猪俣氏。現在のプ

147

ロセスをそのまま RPA にするのではなく、プロセスの単純化、さらにはその業務は本当に必要なのかなど、業務整理も行っていくという。

RPA は人がこれまで行ってきたルーチンワークを代替する。そのため、「導入に抵抗を感じる職員もいるのでは」という問いに、歌川氏、金田氏は「もしかしたらいるかもしれないが、RPA は人でなくてもできる作業をより正確かつスピーディーに行ってくれます。そして RPA 導入により空いた時間を住民サービスに回すことで、サービスの質を上げることができます。住民満足度の向上と私たち職員の働き方改革を実現する手段の一つとして欠かせないものだと思います」と断じる。

AI-OCR と組み合わせた活用も 検討していきたい

NTT 東日本では AI-OCR「AI よみと〜る」というサービスも提供している。AI よみと〜るが採用している AI-OCR のエンジン AI inside の「DX Suite」は、読み取り精度が高く、多くの企業で導入が進んでいる。この AI よみと〜ると RPA を組み合わせることで、スキャナで読み込んだ紙の資料をデータ化し、CSV で保存、さらにそのデータを RPA で社内システムなどに自動でデータ入力できるようになる。つまり、かなりのデータ入力作業や帳票読み取り作業にかかる時間を削減できることが期待できるのだ。「そういったサービスも視野に入れながら、全庁的に RPA を活用した業務効率化を推進し、職員の働き方改革を進めていきたい」と猪俣氏は意気込みを語る。

そのためには、RPA を活用できる人材の育成も行っていかねばならない。「追加業務の担当者の研修はもちろんですが、さらに全庁的に活用を推進するためには、そのためのチームを結成することも必要だと考えています」（猪俣氏）

総務省の RPA 導入補助事業に応募し、採択された自治体の多くは市や特別区で、会津美里町より小さな自治体はほとんどない。だが RPA は小さな自治体だからこそ、「活用することで得られる効果は大きい。だから他の町役場もぜひ活用して欲しい」と猪俣氏は言い切る。そしてその先行事例となるよう取り組んでいきたいという。

「追加業務の RPA 導入においても大きな効果を出したいですね。次

福島県会津美里町

年度については未定ですが、RPAの活用を推進しない手はありません。トライし続けたいと思います」と決意を語る。

　会津美里町のRPA活用はまだ始まったばかり。住民サービスの向上、働き方改革をめざし、同町のチャレンジはこれからが本番だ。

※　文中に記載の組織名・所属・肩書き・取材内容などは、すべて2019年8月時点（インタビュー時点）のものです。

○ まとめ

課題

- 人口減少、職員の適正化により、職員数も徐々に減る傾向にある
- 手作業で実施している単純作業の効率化を図り、時間外労働時間の削減など働き方改革を実現したい
- 住民サービスの向上、充実を図りたい

導入

- 「源泉徴収10日支払業務」「人事発令情報転記業務」「期末勤勉手当業務」の手作業で行っていた業務プロセスにRPA「WinActor」を導入
- RPA化のためのシナリオ作成は、RPAの専門家に依頼。業務担当者の横で、実際の業務の流れを見てシナリオ化
- WinActorの操作については、研修会を実施した

効果

- いずれの業務においても事務処理の短縮による労働時間の削減とミス低減による業務品質の向上を実現
- 源泉徴収10日支払業務では年間5時間以上、人事発令情報転記業務では年間28.5時間、期末勤勉手当転記業務では年間38時間の削減効果が見込めた
- いずれの業務も昼休みなどに実施することで、勤務時間の有効活用、残業時間の削減が実現。RPA活用で空いた時間を住民サービスの充実に回すなど、働き方改革の一助につながった

インタビュー

RPAの効果に感動しました
全庁に広げ働き方改革につなげたい

猪俣 佑一（いのまた ゆういち）氏
会津美里町 総務課 防災情報係 主査

―― 会津美里町で抱えている課題について教えてください。

猪俣氏：会津美里町は2005年に会津高田町、会津本郷町、新鶴村が合併してできた町です。会津美里町でも少子高齢化による人口減少が進んでおり、それに合わせて職員の最適化を行っています。また同町でも働き方改革を進めており、業務の効率化、職員の時間外勤務の削減が求められていました。その一方で住民サービスの向上は欠かせません。役場での業務は、住民から申請された内容をシステムに入力したり、他システムから抽出したデータを別のシステムに入力したりなど、人の手による作業が多数存在しています。入力ミスも発生しやすく、その修正作業にも多くの時間が取られていました。このような人間の手による作業をいかに削減するかが課題でした。

―― その手段としてRPAの活用を検討したのですね。

猪俣氏：近年、話題に上ることが多かったため、セミナーを受講するなど、RPAには注目していました。しかし本格的にRPAの活用を検討し

始めたのは、NTT東日本の担当者から紹介を受けたからです。とはいえすぐに予算化していなかったので、活用できるわけではありません。そんなときに実証実験の話をいただきました。実証実験の時期は3月。期末に重なるため、当初は実施するのは難しいのではと思いましたが、NTT東日本のサポートも得られるというので、トライすることにしました。

―― 業務の選定はどのようにして行ったのでしょう。

猪俣氏：私は情報担当なので、職員の皆さんの具体的な業務の中味を把握しているわけではありません。そこですべての部署に、RPAについて簡単に説明するとともに、RPAにマッチするような繰り返し発生する作業や明確なルールにもとづいた定型処理作業がないか照会をかけました。すると4部署が手をあげてくれました。その中から今回の実証実験の対象業務となった「源泉徴収10日支払業務」「人事発令情報転記業務」「期末勤勉手当転記業務」の3業務を選定しました。

―― 「源泉徴収10日支払業務」とはどのような業務でしょう。

歌川氏：財務会計システム内の収納データをExcelに落とし込み、会津若松税務署に10日までに支払えるように、源泉徴収税額の積算データに加工するという作業です。1ヶ月に最低でも100件、多いときだと400件に上る処理が発生していました。もちろん、出力後は間違いがないかチェックをし、間違いがあった場合は修正をする作業が生じていたため、年間で約24時間この作業に要していました。

歌川 和仁 (うたがわ かずひと) 氏
会津美里町 出納室 係長

第8章　定型業務を効率化したい！RPAで職員の働き方を改革 住民サービスに有効活用

—— 総務係が担当している「人事発令情報転記業務」「期末勤勉手当業務」についても教えてください。

金田氏：「人事発令情報転記業務」は1月の昇給、4月の人事異動にともなう発令情報を手作業で加工する業務です。具体的には人事給与システムから抽出した発令情報を、個人ごとに管理するためExcelに転記します。昇給は全員が対象となるため200件、人事異動の発令情報は約100件となります。この作業だけでも年間30時間以上要していました。

もう一つの「期末勤勉手当業務」も人事発令情報転記業務同様、6月と12月に支給される期末勤勉手当の金額を個人ごとのExcelに転記する作業です。こちらも年間で42時間ぐらい要していました。

—— これら3つの業務にRPAを導入した効果はいかがだったでしょう。

歌川氏：感動しましたね。手作業だと1件平均18秒、100件だと1800秒かかっていましたが、RPAだと1件あたり3秒、100件でも300秒で終わります。RPAが処理している間、他の業務にも従事できます。人はミスをしますが、RPAはミスをしません。処理件数が多くなればなるほどRPAの効果が大きくなることも実感しました。またRPA活用の効果としてもう一つあげられるのが、引き継ぎがしやすくなったことです。役場の職員は3年周期で異動があります。RPAで自動化しておけば、「あの人がいないと困る」という状態を防げます。

金田氏：私も同じく感動しました。従来、人事発令情報転記業務は1件あたり平均360秒かかっていましたが、RPAを活用すると1件18秒で処理が完了します。また期末勤勉手当転記業務も導

金田 和美 (かねだ かずみ) 氏
会津美里町 総務課 総務係

入前は1件平均756秒かかっていましたが、導入後は1件72秒で完了します。RPAであれば、いずれの業務も昼休みなどに回しておくと完了するので、午後からはそのチェック作業に入れます。その空いた時間を住民サービスに回すなど、勤務時間を有効活用できるようになりました。

—— RPA活用後に見つかった課題があれば教えてください。

猪俣氏：私たちが採用した「WinActor」は国内で最も活用が進んでいると言われているRPAです。ソフトウェアスキルなしに動作が可能と言われていますが、業務担当者自身はもちろん、情報担当の私でもシナリオを作成するのは非常にハードルが高いことが分かりました。そこは今回もそうですが、これからもプロに任せていこうと思っています。

歌川氏：今回の実証実験は繁忙期に実施したので、業務プロセスの整理を十分行わずにシナリオを作成しました。もう少し業務プロセスを見直しすれば、もっと効率化が図れた部分があったのではと考えています。今後、RPAを導入する際は、事前に業務プロセスの整理もじっくり行った方がよいということが分かりました。

—— 今後の展望について教えてください。

猪俣氏：総務省のRPA導入補助事業に応募し、採択されたので、今年9月に開催される議会で補正予算の議決をいただき、引き続き、今回導入した業務においてRPAを活用するとともに、新たにRPAを活用する業務を募集し、そこにも活用していく予定です。ゆくゆくは全庁的にRPAの活用による業務効率化を行い、働き方改革につなげていきたいと思っています。そのためにもRPA活用のための人材育成や推進のためのチーム結成なども進めていきたいと思います。他の町にとって、RPA活用のよい先行事例になりたいですね。

第 **9** 章

東京

ICTを活用して授業を変える!
生きた学力を伸ばすため
タブレット／電子黒板を導入

板橋区教育委員会

ICTを活用して授業を変える
生きた学力を伸ばすため
タブレット／電子黒板を導入

板橋区教育委員会

　ICTを活用することで授業を革新し子どもたちの生きた学力を伸ばすことを目指し、板橋区教育委員会の「ICT教育」の取り組みが進んでいる。2015年度から4年間でICT機器を導入する「板橋区教育ICT化推進計画」を策定し、区立小中学校の全74校に対して、統合型校務支援システムや電子黒板、タブレットなどの導入を進めた。この取り組みは東京都の先陣を切るものだ。

写真：赤塚第二中学校

プロフィール	
板橋区教育委員会（東京都）	
板橋区人口	563,087人
板橋区面積	32.22km^2
小中学校	小学校51校、中学校22校、天津わかしお学校
幼稚園	区立幼稚園2か所、私立幼稚園32か所

板橋区教育委員会

授業の改善ではなく「革新」で
生徒の生き抜く力をつちかう

　新宿や渋谷と並ぶ東京の大都市・池袋。そこから電車に揺られて10分ほどの成増駅で下車し、閑静な住宅街の中にあるのが板橋区立赤塚第二中学校。木を多用した開放的な校舎は真新しい。併設の小学校と地続きの校庭も美しく整備され、都会の学校らしい印象だ。

　ここが、板橋区のICT授業研究実証実験校、板橋区指導力向上推進校に選定され、2018年には「学校情報化先進校」に認定されるなどICT教育で高く評価されている中学校だ。

　学校情報化認定とは日本教育工学協会（JAET）によるもので、「情報化の推進体制」を整え、「教科指導におけるICT活用」「情報教育」「校務の情報化」に積極的に取り組んでいる学校を称え「学校情報化優良校」として認定するもので、さらに「学校情報化先進校」に選定されたのは「学校情報化優良校」のうち2018年度は全国で3校のみ。東京都の中学校としては初の快挙だ。

　この赤塚第二中学校の教室で、板橋区のICT教育を進めている板橋区教育支援センターの伊藤誠一教育ICT推進係長は、ICT教育のねらいについて、こう述べる。

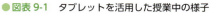
●図表9-1　タブレットを活用した授業中の様子

157

第9章　ICTを活用して授業を変える！生きた学力を伸ばすためタブレット／電子黒板を導入

● 図表 9-2　可動式の電子黒板を既存の黒板と組み合わせて使う

「板橋区は他の 22 区と比べると教育の ICT 化という点では遅れをとっていました。そこで、2015 年 2 月に機器の導入や教員の指導力向上を意図した研修など具体的な施策を盛り込んだ『教育 ICT 化推進計画』を立て、教育の ICT 機器の整備の導入を計画的に進めていこうとしたわけです。とはいえ、どんなにすばらしいシステムや ICT 機器を導入しても、使ってもらえないようでは意味がありません。ICT 機器をただ押し付けて『使ってください』というだけでは、絶対にうまくいかないことは明らかでしたから、どうしたら ICT 教育の意義を理解して、機器を有効利用していただけるか、まずはそこから考えました」

　伊藤係長は、板橋区の教育の ICT 化について、板橋区教育委員会の中川修一教育長の熱意が大きく、それがプロジェクトをリードしてきたという。

　中川教育長の指導のもと、授業プランニングや考え方の基本姿勢が「板橋区 授業スタンダード」としてまとめられ、次の方針が示された。

　「授業のはじめに学習のねらいを明確に示す」

　「必ず授業の振り返りを行う」

　「子どもがひとりでじっくり考える時間を取る」

　「子ども同士で学び合う時間を取る」

板橋区教育委員会

そして「ICT 機器を活用して、分かる・できる・楽しい授業を行う」の5つだ。

伊藤係長は、この授業スタンダードを具体化するには、ICT 機器の活用が新しい学びを実践する方法として有効であることを教員側に理解してもらうことがポイントだったと述べる。

「まだ誰も経験したことのないものを理解しようというのは、教員でもなかなか難しいことだと思います。2000人近くいる教員の中には反対する声もありました。そこで、まずは文書や校長会などの場で、この『授業スタンダード』の理念について共有し、ICT 教育の必要性や有効性について伝えることから始めました。その上で『板橋区教育 ICT 化推進計画』についても説明を行い、理解を深めていくようにしたのです」

こうした理念と論議のもとに、板橋区では 2015 年度から 4 年間をかけて、赤塚第二中学校を含む 74 すべての小中学校において「電子黒板等の ICT 機器の整備」および「タブレットおよび無線 LAN の整備」を行い、ICT 教育の取り組みが進められた。

● 図表 9-3　書画カメラの画像がそのまま電子黒板に映る

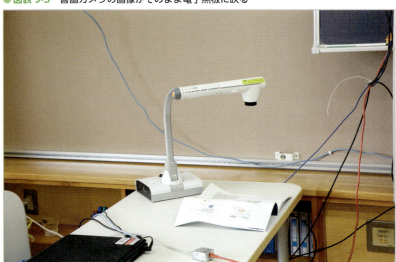

159

第9章　ICTを活用して授業を変える！生きた学力を伸ばすためタブレット／電子黒板を導入

●図表 9-4　各自がテーマに対する自分の意見をタブレットに書き込む

黒板と電子黒板を使い分け生徒の好奇心を引き付ける

　実際に、赤塚第二中学校の教室を回ってみよう。

　校舎内に入り、明るい光の差し込む教室を覗いてみると、まず目に飛び込んでくるのは、大きな「電子黒板」だ。教卓上のノートパソコンや書画カメラと接続され、画像や音声などを素早く共有できるようになっている。レールによる可動式で、既存の黒板と組み合わせてフルに使えるように工夫されている。

　赤塚第二中学校の国語教員であり、ICT活用推進リーダーとして取り組みをけん引してきた森田直実教諭は、「普通教室の全部に電子黒板が常設されており、スイッチひとつですぐ使えるので、あらゆる授業でフル活用されています」と語る。そして、「板書する時間が削減できるので、授業を効率的に行えるようになりました。その分、生徒と向き合う時間が増えたように思います」と電子黒板のメリットを評する。

「目的に合った授業を組み立てやすくなったことが大きいですね。作品をみんなで共有したり、資料を見せたりするのも簡単なので、子どもたちの好奇心に水をさすことなく、リズムを崩さずにスムーズに授業を進

●図表 9-5　班に分かれてグループディスカッション

行できます。導入前には電子黒板の使い方についての研修もありましたが、慣れるに従って教員がそれぞれ工夫して使うようになりました。例えば古典の授業の場合、ビジュアルで見せたいところや資料的なことは電子黒板に表示し、授業で記憶に残したい事項やまとめは黒板に手で書くというように使い分けています」

　ある社会科の教員は、パワーポイント資料をあらかじめ作っておき、電子黒板に映し出しながら、黒板を補助的に使って授業を進めているという。

　2枚の黒板を連携させて使うことで情報を整理してわかりやすく伝え、子どもたちの集中力を引き付けているというわけだ。

　当初は若い教員の方が活用頻度が高いのではないかと予想されていたが、今では苦手と思われたベテランの教員の方こそ斬新で効果的な使い方をしているという。

　赤塚第二中学校はICTも含めて授業改善・改革に取り組む「ICT授業研究実証実験校」および「指導力向上研究推進校」になっており、年6回の研究発表ではさまざまな工夫をこらした教員の授業を視察することができるという。

● 図表 9-6　タブレット端末はパソコンルームに保管され、授業のときに教室に持っていく

「授業はいつでも見られるように」という文化が醸成されており、校内外ともに授業の進め方のノウハウ共有が盛んだという。そうした運用の環境もあり、多くの教員が積極的に活用し、「もはや当校の授業になくてはならない存在になっている」（森田教諭）という。

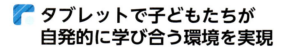 タブレットで子どもたちが自発的に学び合う環境を実現

　電子黒板と共に、授業で使うICT機器として導入されたのは、キーボード付きのタブレットだ。現在、総生徒数500名のところ80台が導入されており、毎時間2クラスが使うとして週3〜4授業程度は使えるという計算だ。
「子どもたちにとってタブレットのようなICT機器は好奇心をそそられる対象のようです。あくまでICTは目的ではなく学習手段ではありますが、ツールが魅力的なのは悪いことではありません。保管庫からタブレットを持ってくると、生徒は『今日も使うの！』とワクワクした様子で聞いてくるのですよ」（森田教諭）
　電子黒板と同様に、こちらも使い方は教員や授業内容によってさまざ

ま。例えば、森田教諭が担当する書写の授業では、自分で書いたものとお手本を重ねてみる、作品を撮影して電子黒板で共有する、といった使われ方がなされている。

「これまでの授業では、全員に直接アドバイスすることが難しく、どうしても途中で飽きてしまう生徒が多くでてきます。しかし、タブレットを使って自分が書いたものとお手本を重ねて比較すると、どう直すべきかが可視化できるので、自分で改善点を意識しながらどんどん書き直していくことができます。集中して取り組むと、1時間で驚くほど上達しますね」（森田教諭）

他にも、例えば体育の授業では子どもたち同士でハードルを跳ぶフォームなどを動画で撮影し、互いに意見を出し合いながら、フォーム改善に取り組んでいるという。子どもたち同士の意見交換や議論が密になるなど、想像以上にコミュニケーションを基礎としたグループ学習にも向いているようだ。

そして、タブレットがつながる先には、インターネットという知識の海が広がっている。情報セキュリティなどを考慮し、校内からは「教育ネットワーク」を介して、学習に必要なものだけをインターネットから取り込んでくる仕組みになっているが、知りたいことがあれば自分の手で自由に調べ、さらに詳しく知りたければ深く潜っていくことも十分に可能だ。

「無制限ではありませんが、インターネット上の情報量は教科書や資料集などをはるかにりょうがしています。古文でいえば国語便覧という資料集もありますが、それ以上の情報を手軽に検索することができるのです。あふれるような情報の中から、自分の知りたい物事を探し、自発的

● 図表9-7　Wi-Fiアクセスポイントを必要なときに教室に持っていく

● 図表9-8　教室の壁に設置された籠にWi-Fiアクセスポイントを入れて使う

第9章　ICTを活用して授業を変える！生きた学力を伸ばすためタブレット／電子黒板を導入

● 図表 9-9　体育の授業にも電子黒板を活用

に学んでいくこと。そうした『自ら学ぶ力』や『情報探索スキル』は、これからの時代に生きるには必要不可欠な能力といえるでしょう」

　こうした取り組みの結果、赤塚第二中学校の生徒たちの学力が大きく向上していることが明らかになったという。全国学力状況調査で数値的に示されている。森田教諭も「子どもたちの学びに対する姿勢が大きく変わった実感がある」と語る。そして、その理由として「自ら課題を見つけて解決策を考えることの積み重ねによって、どのような問題が来ても諦めずに対応しようとする意欲や、自分の考えていることを伝えるスキルなどが育まれたのではないでしょうか」と分析する。

　伊藤係長も、これを受けて、「当然ながらICT単体ではなく、ICTをどう使うか、どのように授業に活かすか、創意工夫してきた教員たちの努力があってこそだと思います。教科センター方式の導入や生徒同士の教え合いなど、"自律的に学び合う"ことを大切にしてきた学校の文化や風土が土台にあって初めて、ICTの効果が得られたのだと思います」と評価する。

164

板橋区教育委員会

校務支援システムを先行導入し
教員の ICT への期待感を醸成

　「板橋区教育 ICT 化推進計画」には、電子黒板・タブレットなど「授業のための ICT 導入」とともに、教員たちの業務の効率化を目的とした「校務支援システムの導入」も盛り込まれている。

　施策の遂行にあたり、伊藤係長はあえてこの「職員室の ICT 化」を優先し、校務支援システムと教員 1 人 1 台のパソコンを導入することから手を付けた。

「教員の校務はとにかく量が多く、雑務も少なくありません。さらに授業内容は生徒の個性重視も含めて多様化し、授業で生徒に教えるべき内容はむしろ増えています。土曜休みの導入や、教員の労働時間短縮など、全体的に時短の要請があり、まさに効率化が求められている状況にありました」

　しかし、熱意のある教員ほど、自身の校務量や労働時間等の改善以上に、授業や生徒のことに注力したいと考える傾向にある。それだけに現場では、一時的とはいえイニシャルコストのかかる校務支援システムやパソコン導入について必ずしも大歓迎というわけではなかった。

「校務支援システムおよび ICT を活用することによって、まずは膨大な校務を効率化しましょう、と。それで少しでも軽減できたら、それによって空いた時間を生徒や授業にかけることができますよ、と根気よく伝えていきました。そして校務支援システムを通じて ICT の価値を実感していただければ、『教室の ICT 化』の目的や効果についても頭で理解するだけでなく、実感を持って具体的にイメージしていただけるのではないかと考えたのです」（伊藤氏）

　この校務支援システムのプロポーザルから NTT 東日本もプロジェクトに参画。「板橋区教育 ICT 化推進計画」の具体化に全力で取り組んでいった。

「まずは 74 校の小中学校すべてに電話をかけて、状況をヒアリングするところから始めました。1 校 1 校に電話をすることはとても大変な作業です。そこを NTT 東日本様と協力し、各校の授業や行事の状況などを細かくヒアリング、工事日程等を調整していきました。NTT 東日本様は他自治体での導入実績が豊富であり、本区においてもその経験を活か

165

し、校務支援システムやICT機器をとても円滑に導入していただきました」（伊藤氏）

　こうして2016年に、教員1人に1台のパソコンが行き渡り、校務支援システムが使えることとなった。これによって通知表や成績表、テストの個表、出欠、高校に出す調査書などのデジタル化が可能になり、さらに既存データを共有することによって大きく負担軽減が実現できたという。

　森田教諭も「校務における書類作成については効率化が進んだように思います。まだ手書きの作業は多いし、もう少しと思う部分はありますが、ICTによる効率化で生まれた時間を授業や子どもたちとの触れ合

● 図表 9-10　板橋区ICT教育のシステム構成イメージ

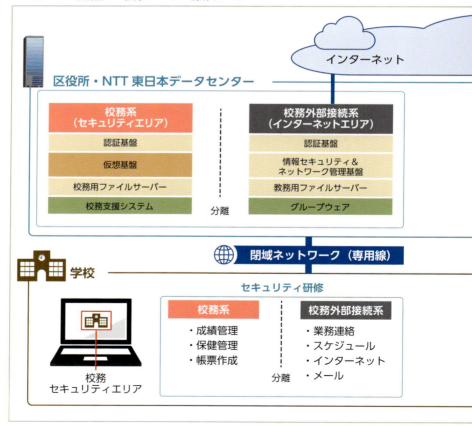

いに使えるという期待を持てるようになりました」と効果を評する。

　さらに区全体で見れば、区内で同じシステムが使用できるということは、教員が異動しても、その先でスムーズに作業ができるなどメリットも大きい。こうして教員のICTへの関心と期待が高まったところで、今度は赤塚第二中学校などモデル校を始めとして、電子黒板やタブレットの導入、無線LANやWi-Fiアクセスポイントの設営など「教室のICT化」へとステップを進めていったのだ。

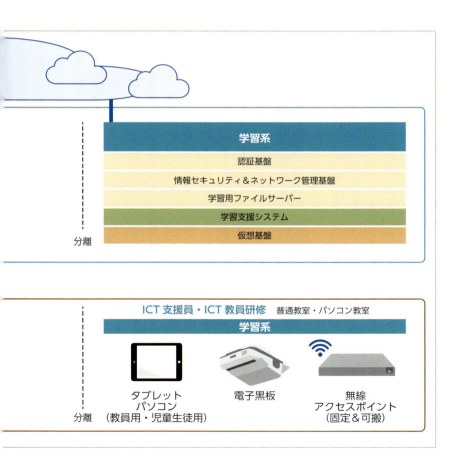

第9章　ICTを活用して授業を変える！生きた学力を伸ばすためタブレット／電子黒板を導入

ハードの選定・導入は現場との調整がカギに

　区内74校の「教室のICT化」を推進するにあたり、スムーズな活用が可能になった理由として、伊藤係長は「タブレットなどのICT機器の選定において、現場の教員との意見交換をしっかり行ったこと」をあげる。

　小学校のタブレットの機種選定では、1年生から6年生まで体格や授業の内容が異なるにもかかわらず1校45台という制約から1種類に絞る必要があった。NTT東日本の担当者が候補となる機器を何台も持ち込み、教員たちを前に説明し、実際に触れたり投票を行ったりしながら検討を重ねて絞り込んでいった。選定に関わった教員はのべ人数で数百人単位に上るという。

　他にも、小学生でも1クラス分45台のタブレットを教室に運べる方法として手押しのカートを採用したり、中学校ではタブレットに予算をかけた分、Wi-Fiアクセスポイントを常設せず毎回設置する方式にしたり、限られた予算で教室で実際に使われることを想定しながら、現場である学校関係者と教育支援センター、そしてNTT東日本が協力してアイデアを出しながら「本当に使えるICT環境」を実現させていった。

※　文中に記載の組織名・所属・肩書き・取材内容などは、すべて2019年3月時点（インタビュー時点）のものです。ただし、板橋区立小中学校数については2019年4月時点のものとしています。

板橋区教育委員会

○ まとめ

課題

- ICT 機器を導入するだけに留まらず実際に有効活用してもらう必要がある
- 教員の校務の量が多く多様化する中で労働時間短縮の必要がある

導入

- すべての普通教室の黒板に電子黒板を重ねて設置
- キーボード付きタブレットを導入してアクティブ・ラーニングを実現
- 校務の効率化のために校務支援システムを導入

効果

- タブレットなど ICT 機器により改善点を意識して学べるようになった
- 子どもたちの自発的な学びや教え合いが活発になった
- 校務を効率化した時間を授業や子どもたちとの触れ合いに費やせるようになった

第9章　ICTを活用して授業を変える！生きた学力を伸ばすためタブレット／電子黒板を導入

> インタビュー

これからの社会に必要な思考力や表現力をICTによるアクティブ・ラーニングで学ぶ

中川 修一（なかがわ しゅういち）氏
板橋区教育委員会
教育長

―― 板橋区が目指す学校教育のあり方についてお聞かせください。

中川氏　学校教育の大きな役割は、なんといっても「学力の向上、定着」です。これからの社会に求められる学力とは、単なる知識ではなく、知識を踏まえた上での思考力や表現力なのではないかと思います。こうした力を養うには、子どもたちがアクティブに学ぶ授業が欠かせません。

―― そのための取り組みや、その中でのICTの役割について教えてください。

中川氏　2016年に「とにかく授業を変えよう！」「授業改善ではなく、

板橋区教育委員会

授業"革新"を実現させよう」と、授業プランニングや教え方の基本姿勢をまとめた「板橋区授業スタンダード」を作成しました。文部科学省の学力・学習状況調査の分析や先進地域の視察を通した考察から、共通する手法を探り出して、5つの条文としてまとめたものです。

この中に、「ICT機器の活用」について盛り込んだのは、ICTが、私たちの目指す学校教育やアクティブ・ラーニングを行う上で非常に有効なツールだと考えたからです。まずは「ICTを活用して授業を変える！」という意志を示し、区内の学校に周知・共有したいと考えました。

伊藤 誠一 (いとう せいいち) 氏
板橋区教育支援センター
教育ICT推進係長

—— それをどのように授業に反映していくのでしょうか。

伊藤氏 情報化が進み、社会が大きく変化する中で、子どもたちには、学力とともに「生き抜く力」を身につけてもらいたいと思っています。子どもたちがこの力を得るためには、従来の授業改善ではなく、「授業の革新」が不可欠という思いです。

そのためのツールとして教育ICTがあり、教え方も既存の方法をただ踏襲するのではなく、教員自身が学び変えていく必要があると考えています。

第9章　ICTを活用して授業を変える！生きた学力を伸ばすためタブレット／電子黒板を導入

> インタビュー

子どもたちの自発的な学びを促すよう教員の役割も変わってくる

森田 直実（もりた なおみ）氏
東京都板橋区立赤塚第二中学校
主任教諭

—— 教育の現場で実際に子どもたちと接している森田先生は、ICTに対してどのような期待をお持ちですか。

　一番に期待するのは、やはり「生徒の学びへの効果」ですね。どの教諭もそうだと思いますが、私が授業を通じて最も大切に考えているのは「生きていくための力」を育むことです。

　先の読めない時代になると言われる中、さまざまな問いを自ら見出し、自身で解決策や打開策を見出して実践できるような人になってほしい。そのためにも「自ら学ぶ力」を育むことが重要と考えています。

　そのような観点で見ると、ICTは子どもたちが自ら学ぶ手段として大変有効だと感じています。例えば古典や漢文など子どもたちがまったく知らない世界であっても、事前学習として課題とちょっとしたヒントを与えるだけで、自分の手でどんどん調べて興味を持ち、さらに自発的に深めていきます。

板橋区教育委員会

こうした経験を経て、たくさんの情報の中から、自分の知りたいことを見つける力を育むこと。それが「生きる力」につながっていくと思います。

—— ICT の導入によって、子どもたちはどのように変わりましたか。

子どもたちが一番変わった点といえば、関心意欲が高くなったことでしょうか。生き生きとして、自分から学ぼうという姿勢が強くなったように思います。

また、例えば体育の授業では、子どもたち同士でハードルを跳ぶフォームなどを動画で撮影し、意見を出し合いながら自分たちで改善していくということも起きています。デジタルは個業になりがちといわれますが、子どもたちがコミュニケーションをとって学習する可能性もあると考えられます。

—— 先生の教え方などについても変化があったのでしょうか。

教員側としては、授業の効率化や質の向上などもさることながら、今後はそれ以上に教員としての役割が変わってくるのではないかと感じています。つまり、子どもたちの自発的な学びを促すような、魅力的な授業が求められるようになってくるでしょう。

もともと赤塚第二中学校では、指導力向上特別研究指定校として年に3回研究事業を行い、公開授業や研修などを積極的に行っています。そうした機会を通じて、学校の内部外部を問わず、教員同士がノウハウやスキルを共有し、ICT をもっと有効に学びに活用できる方法を模索していきたいと考えています。

ただし、ICT はあくまでも手段です。手段だけにとらわれることなく、子どもたちに最大限の効果を与えられることは何かということから考えることだけは忘れてはいけないと思います。

173

第 10 章

茨城

災害に備える街づくりを！
「り災証明書」の迅速な発行へ
県内共通のシステムを導入

茨城県

第10章　災害に備える街づくりを！「り災証明書」の迅速な発行へ県内共通のシステムを導入

「り災証明書」の迅速な発行へ「被災者生活再建支援システム」43市町村で稼働開始

茨城県

　近年、大規模自然災害が増えており、全国の自治体は災害に対するさまざまな体制を整えることが重要な政策課題となっている。茨城県では、2019年4月から、生活再建の第一歩を踏み出すのに必要となる「り災証明書」を迅速に発行できる「被災者生活再建支援システム」の稼働を始めた。県下43の市町村に導入し、災害に備えると同時に、被災しても迅速に立ち直れる地域づくりをめざしている。

プロフィール		
茨城県		
県庁所在地	茨城県水戸市	
総人口	2,882,943人	
面積	6,097.19km^2	

茨城県

生活再建の第一歩が「り災証明書」 その迅速な発行

　日本は昔から自然災害の多い国と言われるが、ここ数年、過去に経験したことのないような異常気象や大災害に見舞われることが増えている。2018年の1年間だけでも、豪雪、噴火、地震、豪雨、台風など枚挙に暇がない。2007年の中越沖地震や2011年の東日本大震災、2016年の熊本地震など大きな災害の影響はいまだ大きく、以前の生活を十分取り戻すことができずにいる人も少なくない。

　こうした災害からの生活再建において、重要なカギを握っているのが「り災証明書」の発行だ。「り災証明書」は、被災者からの申告にもとづいて、市町村の職員が現地に赴き、内閣府指針に従って建物の被害調査を行い、災害に起因する被害の規模を証明するものである。「全壊」「大規模半壊」「半壊」等の判定に応じて、その後の国、県、市町村からの支援内容が大きく変わることもあり、公平な判定が欠かせない。被災者の生活再建の第一歩としてできるだけ早い「り災証明書」の発行が求め

● 図表 10-1　生活再建支援で災害に負けない街づくり

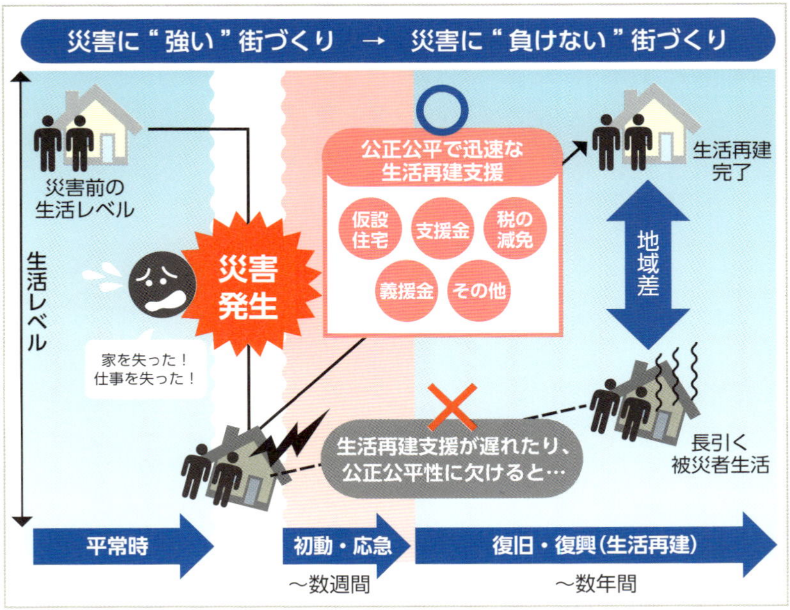

177

られている。

　しかしながら、ひとたび大規模な災害が発生すると、被災地の自治体職員も被災し、人手不足からり災証明書の交付に時間を要することも少なくない。結果、り災証明書の発行が大幅に遅れることとなり、被災者は十分な支援が早期に受けられず、その後の生活再建が遅れてしまうことにもなる。

「鬼怒川洪水」の経験と「熊本地震」への応援活動を経て

　茨城県は、2019年4月から「被災者生活再建支援システム」を導入、稼働することとなった。全国でも早い取り組みだ。

　このシステム導入までの経緯を、茨城県防災・危機管理部 防災・危機管理課防災グループ主査の大関裕之氏に伺った。

　きっかけとなったのは、2015年9月の「関東・東北豪雨」による「鬼怒川洪水」と2016年4月に熊本県と大分県で相次いで発生した「熊本地震」だったという。

　「関東・東北豪雨」では、3日間もの間、北関東や東北を豪雨が襲い、

● 図表10-2　災害時に情報と指揮系統を集約

●図表 10-3　壁に埋め込まれた大型モニターに各地の状況が映る

　宮城、茨城、栃木の3県で大きな被害をもたらした大水害が発生した。とりわけ茨城県常総市では鬼怒川の決壊によって死者2人、3000戸以上が浸水し、水が引いた後も生活再建が深刻な問題となった。
「この災害では、初めて県現地災害対策本部が設置されるとともに、国の職員、県および県内市町村の職員、県外の自治体職員が応援に駆け付け、り災証明書の発行や避難所の運営、災害廃棄物の処理、救助作業などの業務に協力しました。被災市町村の職員も被災しますから、被災市町村だけで災害対応を行おうとしても、どうしても時間がかかることとなり、被災者を待たせてしまいます。被災者の生活環境が少しでも早く改善できるよう、他の自治体職員などが応援することの大切さを改めて実感しました」
　2016年4月に熊本県と大分県で相次いで発生した「熊本地震」は、気象庁震度階級で最も大きい震度7を観測することとなった。熊本県の被災市町村を応援するため、茨城県と県内市町村は現地に職員を派遣したが、現地では余震が続いており、職員はまさに災害そのものを体験する中での応援活動になったという。
「現地で応援活動を行ってきた職員と話をする中で、被災市町村は応援

を受け入れる準備ができておらず、東京都や新潟県など応援する側の他都道府県職員が現場を切り盛りしなければならない状況になっており、それらの県は積極的な応援活動ができるよう、あらかじめ準備をしていることが分かりました。応援をする側と応援を受ける側の備えが必要であることを知るきっかけとなりました」

　大関氏は当時をそう振り返る。それらの経験が、市町村自治体の自立性を担保しつつ、県として的確な被災者支援や応援・受援をする方法はないか、検討するきっかけになったという。

　これらの生々しい経験をもとに検討を重ねる中で、2016年11月に「国立研究開発法人 防災科学技術研究所」の林春男理事長と出会い、「り災証明書の円滑な発行や被災者台帳にもとづく漏れのない支援を実現することが、行政として取り組むべきことだ」と確信できたという。

「り災証明書の発行は、まさに災害からの復旧・復興への『一丁目一番地』とも言われており、迅速な発行が被災者への円滑な支援と早期の生活再建を促すこととなります。しかし、熊本地震の事例では、残念ながら大きく遅れていた状況がマスコミなどで取りあげられ、被災者の方もどれだけ辛い思いをされたか、想像に難くありません。その状況を打開したのが、林先生が構築に携わられた『被災者生活再建支援システム』

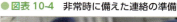
●図表10-4　非常時に備えた連絡の準備

● 図表 10-5　非常時に備えた指揮系統の準備

でした」

　大関氏は、ここで「被災者生活再建支援システム」に注目したという。「改めて熊本地震の際に現地で応援活動を行った県内市町村職員の方に確認したところ、『り災証明書の発行については、「被災者生活再建支援システム」があったから助かった』『システムがなかったら十分な対応はできなかったと思う』『一度使えば覚えられるほど、システムの操作は簡単』など、口を揃えて『被災者生活再建支援システム』の必要性を訴えてきました。

　『被災者生活再建支援システム』は、複数の市町村が共同利用できることが分かり、茨城県で熊本地震のような広域災害が発生した場合にも、り災証明書の円滑な発行や被災者台帳にもとづく漏れのない支援を県民に提供できるよう、このシステムを県内共通のものとして整備することが必要であると考えました。

　2017年7月から市町村への説明と2018年度予算要求を開始し、10月に行った意向調査において県内39市町村から合意が得られたことなどから、2018年度予算として認められ、最終的には県内43市町村が参加する共同整備事業としてシステムを構築し、2019年4月よりシステムが稼働しています」

「被災者生活再建支援システム」は、NTT東日本が提供するシステムで、必要な機能が揃っているだけでなく、他のシステムにはない特長として、過去の災害対応の経験を踏まえ、機能の改善に取り組んでいること、複数の市町村が共同利用できるシステムであることが、茨城での共同整備の後押しとなった。

「被災者生活再建支援業務」の4課題　平時からのシステム運用を

「被災者生活再建支援システム」は、り災証明書の発行や被災者台帳の作成など、災害直後に自治体が行う被災者の生活再建支援業務をサポートするシステムだ。この業務を遂行するには、次の4つの課題があるという。

1つ目の課題は「建物被害を認定調査する人材の不足」だ。建物の損壊状況などを調べる「調査票」は内閣府により規定されているが、経験の乏しい人が担当すると時間がかかる上、判定結果にばらつきが出て被災者の不公平感を生むおそれもあった。「被災者生活再建支援システム」では内閣府の指針に準拠した簡単なフローチャートで記入できる調査票

● 図表10-6　壁には災害時のための地図が並ぶ

を開発。さらに短期間で的確に扱えるようにトレーニングサービスをメニュー化して提供し、人材育成までサポートしている。

2つ目の課題は「調査結果のデータ化の負担が大きいこと」である。調査結果をデータ化には、手作業も多く、膨大な時間と手間がかかっていた。「被災者生活再建支援システム」では個別に手作業での入力も可能だが、スキャナを活用した自動データ化システムやモバイル端末からの直接入力もオプションで用意されている。特に調査家屋の位置をデータ化して地図に落とし込む技術については特許も取得している。

3つ目の課題は「り災証明書発行に必要な確認作業に手間がかかること」だ。り災証明書で証明する内容として、調査による被害情報、住民基本台帳から被災者の住民情報、家屋課税台帳から家屋情報を確認する必要があり、当然ながら一つひとつ検索して手作業で突き合わせる必要がある。しかし、あまりに時間がかかり、手作業によるミスも多い。「被災者生活再建支援システム」では、これらの情報を地図上で空間的に突合して紐付ける「名寄作業」が自動で確実に、それも一瞬でできるため、発行手続きもスムーズになるという。

そして、4つ目の課題は「支援対象者の特定や公正公平な支援が難しいこと」だ。り災証明書が発行されると同時に被災者台帳が作られ、それにもとづいて仮設住宅や税などの減免、支援金給付などの支援を受けることになる。しかし、それぞれについて被災者自身が自己申請する必要があるため、情報格差がそのまま支援格差につながってしまう可能性が高い。「被災者生活再建支援システム」は被災者台帳と支援項目を紐付けて管理するため、支援申請をスムーズにかつ漏れなく行え、時には必要な情報や申請項目を自治体側から提供することもできるようになる。

このように「り災証明書」発行までのボトルネックとシステムにおける解決策を照らし合わせてみると、単なる「り災証明書システム」だけでは生活再建支援はおろか、スムーズなり災証明書の発行すら難しいことが分かる。また、どんなに優れたシステムであっても、災害があってから導入していては時間がかかる。「被災者生活再建支援システム」は平時から、市民生活のさまざまな活動と関係する情報やシステムと連携し、メンテナンスや更新を続けてこそ、いざという時の生活再建を力強くサポートできるというわけだ。

第10章　災害に備える街づくりを！「り災証明書」の迅速な発行へ県内共通のシステムを導入

県内43市町村に共通の「被災者生活再建支援システム」を導入

　本来は市町村が担うべき「り災証明書発行」について県主導でシステム導入することに対し疑問を示す意見もあったという。
　大関氏はこう述べる。
「『県の仕事ではなく市町村の仕事ではないか』『県がやるべきなのか』という声もありましたが、り災証明書発行など被災者支援の基盤となる業務については、市町村が連携して取り組むことが絶対に必要であるという確信があり、防災科学技術研究所理事長の林先生の言葉どおり、そ

● 図表10-7　被災者生活再建のプロセスのイメージ

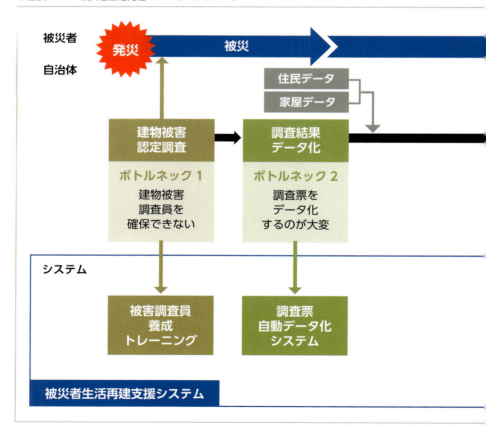

れを担うのは県だという強い思いがあったので、まずは市町村の理解を得ることに注力しました」

「大事なことは、茨城県として同一のシステムを導入するということだと考えました。システムが異なると、建物被害認定調査の判定に差異が生じることがあります。熊本地震などでも、ほぼ同じと思われる被害がある町では『半壊』と判定され、ある町では『一部損傷』と判定されることが多々あり、大きなトラブルや行政不信につながったと伺っています。公平公正な判定を行うとするならば、日本全体が統一されることが最も良いのですが、それが叶わないのであれば県単位で統一する必要があると感じました。さらに、近隣の市町村が災害に見舞われたとして

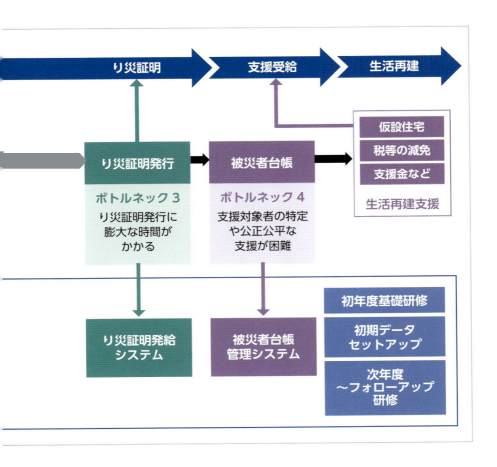

第10章　災害に備える街づくりを！「り災証明書」の迅速な発行へ県内共通のシステムを導入

も、共通のシステムであれば、県内で相互の応援・受援がスムーズにできるようになります。共通のシステムを整備することは、相互応援の効果も期待できると考えました」

　茨城県内の市町村は44あり、共通のシステムを整備するための合意形成を図るには、綿密な議論を重ね、参加承認を得る必要があるが、具体的にどのように進めていったのだろうか。
「2017年7月から市町村への説明に着手しました。担当者説明会や担当課長説明会を行い、共通のシステムを整備することの優位性・有効性などの説明や、林先生のご協力によるデモンストレーションを行うなど、さまざまな方法で市町村の合意が得られるように努めたところ、説明開始から4ヶ月後の10月には県内39市町村の合意が得られ、最終的に県内43市町村の合意形成を図ることができました。多くの方々に同意していただけたと実感できたことが大変な自信となりました」

　しかし、システム構築に係る詳細については、いろいろと議論や国の財源を活用する上での制約があったという。

　例えば、住民基本台帳データや家屋課税台帳データをシステム上で扱うことになるため、市町村から個人情報保護厳守を求める声が上がったという。結果として、閉じた環境で構築することとなり、茨城県のNTT東日本のデータセンターに「被災者生活再建支援システム」のプライベートクラウド版を格納、そこに各自治体の端末からLGWAN[*1]回線を経由してアクセスする仕組みとなった。
「市町村からの意見を踏まえ、扱う人を限定することやネットワークセキュリティの観点などから、今回はプライベートクラウド版という形でクローズドのシステムとして構築しましたが、活用した国の『緊急防災・減災事業債』がハード整備を条件としていることに対応した結果でもありました。もし、国がハード整備を条件としない財源を提供してくれていれば、もっと高度の対災害性・利便性を備えたシステムを構築できたと考えております」

[*1]　LGWAN（Local Government Wide Area Network：総合行政ネットワーク）
　　　地方公共団体の組織内コンピュータネットワークを相互に接続し、コミュニケーションの円滑化、情報共有、行政事務の効率化等を目的としたもの。

茨城県

いざという時に備え、システムを使いこなせる環境づくりへ

　さまざまな調整を経て、2019年4月に稼働したばかりの茨城県「被災者生活再建支援システム」。今後は「道具」であるシステムを使いこなせるよう、いざという時に備えて自治体職員の研修や訓練を積極的に行っていきたいという。
「事前研修を行って4月の稼働には対応できる人材を確保しましたが、毎年度人事異動がありますので研修は毎年の実施が必要ですし、有事には職員全員でフル稼働する必要があることを考えれば、担当者だけ研修を受けておけばいいというものでもありません。回数や受講人数もそうですが、今後はより対象部署を広げ、効率的に短期間でシステムを活用できるよう、研修内容のブラッシュアップを図っていきたいと考えています」
　「被災者生活再建支援システム」の特長の1つは、市民税関係や住基担当者、情報システム系など、り災証明書が発行された後に連携する多数のシステムと連携できるようになっていることだ。茨城県の場合、43自治体の中で関係する課は100以上に上る。それぞれの担当者が全

● 図表 10-8　非常時に備えて各種通信機器が待機

187

てを把握・理解する必要はないかもしれないが、市民税や住基の担当者がり災証明書について理解していれば、業務連携がスムーズに進む可能性が高い。つまり、被災台帳と各行政サービスを紐付けて把握できるよう一覧化できれば、支援漏れもなくなり、自治体の方から「こういう支援が受けられますよ」と情報を提供できるようになるというわけだ。

　そして、生活再建支援の入り口としてシステムが共通になることで、市町村間の相互支援も行いやすくなる。

　また、システムを使える人材の育成は、同システムが導入されている県外の自治体にとっても大きなメリットになる。逆にいざという時には、県外から同じシステムに慣れた人に支援に来てもらえることにもなるというわけだ。

「これまでの災害は県内でなんとか対応できる規模でしたが、東日本大震災や熊本地震など、県内で手が回らなくなるような大規模災害が今後も起きない保証はありません。もちろん災害がないのが一番ですが、備えが必要なのは変わりません。ですから、システムを導入していない全国の自治体には、ぜひとも導入をおすすめしますし、同じシステムが導入されている自治体とはすぐにでも相互支援ができるような関係を作っていきたいと考えています」

　現状では、前述のような諸般の事情からクローズドな環境で稼働しているが、県同士が連携しやすくなり全国的なシステム共用が可能になるならば、オープンなシステムにするメリットも大きくなるだろう。

※　文中に記載の組織名・所属・肩書き・取材内容などは、すべて2019年3月時点（インタビュー時点）のものです。

茨城県

まとめ

課題

- 被災者の生活再建は被害の規模を証明する「り災証明書」がカギを握る
- 大規模な災害が発生すると多くの被災者から申し込みがあり、職員の人手が足りず「り災証明書」の発行が大幅に遅れる
- 公平公正な被害の判定や相互の応援のためには県内で共通のシステムが必要

導入

- 県内 43 市町村が参加する共同事業としてシステムを構築
- NTT 東日本の「被災者生活再建支援システム」を採用
- NTT 東日本のデータセンターにプライベートクラウド版を格納し、LGWAN 回線を経由してアクセス

効果

- システムの操作が簡単でり災証明書を円滑に発行できるようになった
- データ入力や名寄の支援により発行業務がスムーズになった
- 同じシステムを導入している他地域の復興支援でも活躍できる

第10章　災害に備える街づくりを！「り災証明書」の迅速な発行へ県内共通のシステムを導入

> インタビュー

地域を越えた相互支援と連携が被災者の生活再建支援の早期実現を後押しする

大関 裕之 (おおぜき ひろゆき) 氏
茨城県防災・危機管理部 防災・危機管理課 主査

—— 大災害が相次いでいても、人は「自分だけは大丈夫」と考えがちです。災害を自分事と捉え、行政の取り組みへとつなげたのはなぜでしょうか。

　災害が起こり、被災された方々が大変な思いをすることはある程度理解していても、自分の身に降りかかるかもしれないという点については、とかく「自分は大丈夫」と考えがちです。しかし、身近なところで災害を体験し、他地域の復興支援に参加することによって、私たち行政職員も地域の防災や被災者の生活再建支援に問題意識を持つようになりました。

茨城県

　今回の取り組みを継続できたのは、いくつかの被災地支援を通じて、地域を越えた「相互支援」の考え方が多くの行政職員の中に備わり、そのための仕組み、ツールを必要とする気運が高まっていたことが大きいと感じています。多くの行政職員は、人の役に立つことに喜びを感じ、それをやりがいがあることと捉えています。それだけに、いざという時に他の地域に応援に行くことになれば、1週間程度という短い時間の中でも即戦力として最大限に役に立つ方法は何かと考えるでしょう。

　その際に「被災者生活再建支援システム」が使えれば、短期間でも多くの人の生活再建支援に貢献することができます。その被災地で役に立てたという実感に加えて、経験したことを自分たちの地域の備えに活かせることが行政職員のやりがいにもつながり、災害がない時期にも備えに対してのモチベーションを保つ原動力にもなります。

　ツールがあることで相互支援が有効に働き、相互支援が進むにつれツールがより効果を発揮するという、そうした相乗効果が期待できると考えています。

—— 県全体での連携を重要と捉え、県内ほとんどの市町村が参加されています。情報共有のほか、どのようにして意思統一を図っていかれたのでしょうか。

　直接的には、勉強会や防災科学技術研究所の林先生の講演などが被災者の生活再建支援の理解につながり、そのままシステムの理解にもつながりました。しかし、スムーズに理解が進んだのも、もともと県と市町村間で人的な交流も含めた関係づくりができていたことが大きいと思います。私自身も防災を担当して17年になり、その間に各自治体を越えて情報を共有する「防災情報ネットワーク」システムの構築・更新や消防救急無線を集中運営する「いばらき指令センター」の取り組みでも各市町村の担当者と面識がありました。さらに被災市町村の支援活動を県と市町村とが協力して行う「災害対応支援チーム」の検討が並行して進んでいたからこそ、ツールとしてのシステムを共同で整備することの理解が得やすかったのだと思います。

　2017年8月に3回目の説明会を行った後に、早くも30以上の市町村が「たとえ県の予算が通らなくても」参画すると意思を表明してくれま

した。その時には改めて「もう引くことはできないぞ」と腹をくくりましたね。言い出したのは県であっても、被災者支援の主役である市町村が本気で取り組んだことが、県を1つにしてのシステム導入の原動力になったのだと思います。

—— 県内で統一システムが共有できたところで、次は県外とも連携を
　　図ることを考えていらっしゃいます。

　今回、県内の連携を図る道筋を立てることができましたので、より強固な連携になるよう、引き続き取り組んでまいりますが、被災者のためにもっと良くしたいという思いがあります。同じく「被災者生活再建支援システム」を導入している他の地域の方々と相互支援ができる関係を実現することや、システムそのものが国として統一されることも望ましいことと考えています。

　これらが実現すれば、災害時にスムーズな相互支援ができ、地域の安心・安全を高めることができるでしょうし、他の地域で起きた災害であっても、そこで得られた知見を国内で共有し、次の災害に活かすことも可能になると考えています。

　そのためには、県が所有する形となっているクローズドなプライベートクラウドから、オープンなクラウド環境に変えていくことが必要になるかもしれません。国の財源的な制約は残りますが、技術的にはセキュリティを担保できるようになっていますし、ゆくゆくはクラウドに移行するのがコストやリスク分散といった観点からもメリットがあります。まだ導入したばかりですが、サーバーの償却が完了する6年後にクラウド化できるよう検討を重ねていく必要があると考えています。

　そのほか、県内でも行ってきたような人的な交流を他都府県にも広げていきたいです。同じく「被災者生活再建支援システム」を導入している東京都やさいたま市などの近隣地域、新潟県や京都府などのやや離れた地域とともに、協働で研修や訓練を行うことから始めていければと思っています。

第11章

ICT とデータ活用が
地方を変える
地域の活性化と雇用創出へ

野村総合研究所　梅屋 真一郎 氏
インタビュー

インタビュー

ICTとデータ活用が
地方を変える
地域の活性化と雇用創出に向けて

野村総合研究所　梅屋 真一郎 氏

　雇用ビッグデータの分析から地方創生のあり方を研究している野村総合研究所の梅屋真一郎氏は、東京一極集中の流れをICT／ビッグデータの活用で逆転する必要があると提言する。日本の将来のために地域の活性化は必須不可欠であり、そのためにICT／ビッグデータの活用が大きな役割を果たすという。

梅屋 真一郎 (うめや しんいちろう) 氏
野村総合研究所 未来創発センター
制度戦略研究室長

1965年山形県生まれ。東京大学工学部卒業、同大学院工学系研究科履修。1989年野村総合研究所入社。投資信託窓販・確定拠出年金・番号制度等の制度調査・業務設計や金融機関の新規事業企画業務に従事。『マイナンバーの実務』『雇用ビッグデータが地方を変える』など著書多数。

「地方創生」を取り巻く現状

―― 「地方創生」のさまざまな取り組みが進められていますが、現状をどうとらえていますか。

梅屋　残念ながらなかなか成果は上がっていないと思われます。例えば地方創生の本丸ともいえる「東京一極集中」の是正に関しては、むしろ一極集中が加速しているともいえます（図表11-1）。

　総務省が全国の住民票データにもとづいてまとめた「住民基本台帳移動報告（2018年）」によれば、東京圏（東京都、埼玉県、千葉県、神奈川県）は2018年に13.6万人もの「転入超過」となっています。転入超過は23年も連続して続いており、2013年の9.6万人に比べてむしろ加速しています。

　東京圏に並ぶ大都市圏の大阪圏（大阪府、京都府、兵庫県、奈良県）や名古屋圏（愛知県、岐阜県、三重県）では、2013年以降6年連続して

● **図表 11-1　三大都市圏および地方圏における人口移動の推移**

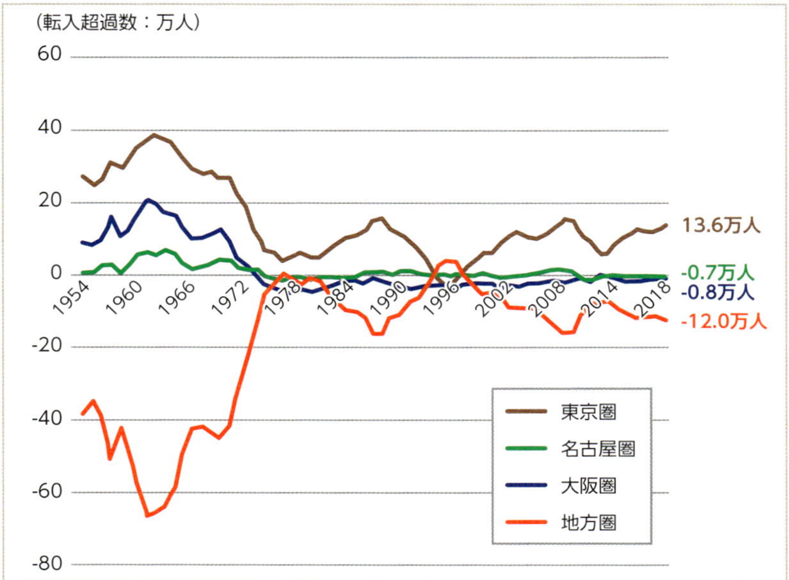

【出所】第1期「まち・ひと・しごと創生 総合戦略 」に関する検証会資料（内閣府 2019年5月17日）を元に作図

「転出超過」となっています。大都市への集中というよりも「東京の独り勝ち」という状況が続いています（図表 11-2）。

東京圏への転出超過数が最も多かったのは仙台市で、大阪市、札幌市、名古屋市、神戸市、新潟市、福岡市と続きます。東京圏への転出超過数の 50% は 63 の市に集中しており、ほとんど政令指定都市や県庁所在地など、いわゆる地方中核都市なのです。

東京圏への人口流出は「田舎から大都会への流出」ではなく、「都市と都市との競争の結果」といえるでしょう。

地方創生の議論では往々にして「村おこし」といったテーマでの議論が多く、「何もない田舎に人を呼び込むためにはどうするか」といった発想に結び付きやすく、施策として「農業の活性化」「秘境を観光地に」などどちらかと言えば山間地をイメージしたテーマが多くなりがちです。

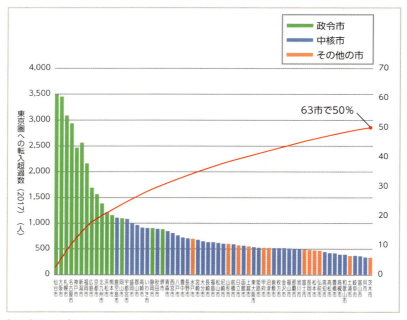

●図表 11-2　東京圏への転入超過数　市町村別内訳と累積割合（2017 年 上位 63 団体）

【出所】第 1 期「まち・ひと・しごと創生 総合戦略」に関する検証会資料（内閣府 2019 年 5 月 17 日）

野村総合研究所　梅屋真一郎氏インタビュー

　ところが、実際の流出が多い 63 市のほとんどは地方経済の核として産業集積が進んでいる地方の大都市です。そう考えると、地方創生の施策としてよく見られるテーマには、そもそもの課題解決とは関連性が薄いものも含まれているともいえます。

　地方創生に向けた取り組みになかなか目立った成果が現れない理由の一つとして、このような「ミスマッチ」もあると考えています。

　地方の課題解決に ICT とそれによって得られるデータ活用が鍵を握るという理由も、ここにあるのです。

　地方の「今」を把握できるデータを ICT を活用して収集することで、まずは本当の実態を把握する。その上で、その実態を踏まえた仮説と対策を検討する。そしてその対策によって得られた成果や効果を ICT を活用して把握し、次の手を打っていくことだと思います。ICT を活用すれば今まで以上に正確な把握が行いやすくなると思うのです。

地方創生と地域活性化に向けた取り組みと課題

—— 地方創生は国の最重要政策の一つであり、ここ数年、政府もさまざまな対策をとってきました。

梅屋　2014 年発行の『地方消滅 - 東京一極集中が招く人口急減』（増田寛也著）は、東京への一極集中が進むことで 896 の自治体が消滅しかねないと警鐘を鳴らし大変な注目を集めました。

　それも一つのきっかけとなって、2014 年 11 月「まち・ひと・しごと創生法」が成立し、地方創生を推進する専門組織「まち・ひと・しごと創生本部」が政府組織として設置されました。閣議決定された「まち・ひと・しごと創生総合戦略」の中では、2020 年に向けた 5 年間の「基本目標」として以下の 4 つを挙げています。
　　①「地方における安定した雇用を創出する」
　　　2020 年までの 5 年間の累計で地方に 30 万人分の若者向け雇用を創出
　　②「地方への新しいひとの流れをつくる」
　　　2020 年に東京圏から地方への転出を 4 万人増、地方から東京圏への転入を 6 万人減少させ、東京圏から地方の転出入を均衡
　　③「若い世代の結婚・出産・子育ての希望をかなえる」

197

2020年に結婚希望実績指標を80％、夫婦子ども数予定実績指標を95％に向上

④「時代に合った地域をつくり、安心なくらしを守るとともに、地域と地域を連携する」

「小さな拠点」の形成や「まちづくり・地域連携」を推進する

①と②は、過度な東京一極集中による人口減少と地域経済縮小の克服にとり非常に重要な目標という位置づけであり、ある意味この２つが地方創生の「本丸」といえるわけです。

そして、年1000億円に上る巨額の交付金が準備されるなど、非常に手厚いサポートを提供しながら地方活性化を政府として後押ししています。

—— 成果はどのように現れてきているのでしょうか。

梅屋　2019年度は、第１期「まち・ひと・しごと創生総合戦略」の最終年に当たることから、政府は各種施策の進捗状況を確認するために、その「検証会」を開催し、2019年５月に「検証会中間整理」を取りまとめました。

それによれば、基本目標や各施策のKPI（重要業績評価指標）131件の中で100件（92％）が「目標達成に向けて進捗している」、9件（8％）が「目標達成に向けた政策効果が必ずしも十分に発現していない」、「その他」が22件となっており、KPIは概ね着実に進捗しているとされています。

一方、東京一極集中は依然として加速しており、転入数で見れば2013年よりも2018年では増えているわけです。この点に着目すれば、効果が出ているとは必ずしもいえない状況だと思っています。

—— 実際に成果のあがっているものと、そうでないものとの分析が必要だということですね。

梅屋　そうです。基本目標①と②について、もう少し詳しく見てみましょう。

①「地方における安定した雇用を創出する」に関しては、KPIとして地方での若者雇用創出や女性の就業率など３つを挙げていましたが、いずれも「目標達成に向けて進捗している」として、着実に進展している

といえます。これは地方に限らず人手不足が深刻になる中で、年代を問わず就業率が上昇傾向にあること、女性の社会進出が着実に進展しており、その影響が地方にも波及している証拠といえます。

目標実現に向けて行われている43件の各施策のKPIも概ね「目標達成に向けて進捗している」とされています。

他方、②「地方への新しいひとの流れをつくる」に関しては、東京圏への転出超過など3つのKPIいずれもが「目標達成に向けた政策効果が必ずしも十分に発現していない」となっており、東京圏への一極集中が加速する逆の結果となっています。

本来、②の東京一極集中で地方が消滅するのではという問題意識からスタートしたはずですが、ここでの進捗が思わしくないことに地方創生の厳しい現状が現われていると思います。

データ活用で見えて来る地方の姿

—— 地方のおかれている現実はまだまだ厳しいということですね。よい打ち手がないのでしょうか。

梅屋 決してそのようなことはありません。地方の真の姿とその中での可能性を見つけ出せる鍵となるデータは、官のデータ以外にも存在し、これを活用する余地が十分にあると思っています。実は、民間がICTを活用して把握しているデータから真の地方の姿が見えて来ると共に、地方の持つ大きな可能性を見つけ出すことも可能だと思っています。

民間がICTを活用して把握したデータの一つに、「雇用ビッグデータ」と呼ばれているものがあります。これを使って、地方の姿とその可能性に関してみてみましょう。

—— 「雇用ビッグデータ」とは、どういうものですか。

梅屋 その説明に入る前に、地方に関する議論の際によく言われる、二つの仮説があります、それを先に見てみましょう。

一つは「そもそも東京から地方への移住希望者などはそんなにいないのではないか」という仮説、もう一つは「地方には仕事がないので、戻りたくても戻れない人が多数いるのでは」という仮説です。

第11章 ICTとデータ活用が地方を変える 地域の活性化と雇用創出へ

　この二つのような見方をよく聞いたことがあると思いますが、実は必ずしも正しくないのです。思っている以上に地方にはポテンシャルがあるのです。それを雇用ビッグデータというものを使って分析してみましょう。

　雇用に関しては、ハローワークの有効求人倍率などのように行政機関がさまざまなデータを公開しています。これらのデータは行政機関が行っている統計調査などを通じて収集しており、過去数十年にわたる情報が蓄積されています。

　雇用ビッグデータとは、これらの公的データと異なり民間の雇用に関するデータ、今や仕事探しの中心となっているインターネット、特にスマートフォンを使った求人・求職に関わる企業や人々の行動をデータとして集積し、情報分析を行う仕組みなのです。

　例えば、インターネットの検索サイト経由での仕事探しの検索は年間6億件にも上っています。その多くがスマートフォン経由で行われていることから、どの地域からどの地域への仕事を探しているかを携帯電話

●図表11-3　東京圏からの潜在移住希望者推計

【出所】HRソリューションズ社データより梅屋氏作成

の基地局情報を活用することで、市町村レベルであれば把握することも可能です。

つまり「いつ・どこから・どこへ・どんな仕事」を探しているかを大量データで分析することが可能なのです。ICT が仕事探しの中核を担うようになっていくとともに、ICT を介してデータ分析が容易に行えるようになっているのです。

私は、大手企業を中心とする 2300 社に採用サイトと採用システムを提供している HR ソリューションズ社等の協力を得ることで、検索サイトの年間 6 億件にも及ぶ仕事探しの検索データや、企業の採用サイトが収集・蓄積した 120 万件の求人票や年間 660 万件もの応募データ等といった雇用ビッグデータによる分析を行うことができました。

これらの雇用ビッグデータを活用することで、今この瞬間に人材採用の現場でどのようなことが起きているかをリアルタイムに把握することができるわけです。いわば「雇用ビッグデータは雇用の今を映す鏡である」といえます。

── 雇用ビッグデータで先ほどの二つの仮設を正しいか検証してみるわけですね。

梅屋　まず一つめの仮説「そもそも東京から地方への移住希望者などはそんなにいないのではないか」を検証してみましょう。

大手検索サイトの仕事探しの検索件数は年間 6 億件、8 割はスマートフォン経由といいましたが、携帯電話基地局情報から「どこから検索しているか」が把握できます。「どこから（From）どこの（To）仕事を探しているか」がはっきりしている検索を分析すると 1300 万件は違う都道府県での仕事を検索していて、「移住を前提にした仕事探しの検索」であることが分かったのです。

東京都のデータを見ると、「東京都の仕事を地域外から探す検索数が90 万 4091 件」に対して、「東京都から地域外の仕事を探している検索数は 375 万 7909 件」と「転入希望」は「転出希望」の 4 分の 1 でしかないことが分かるのです。

求職者は平均 10 件の検索を行うと仮定し、東京圏の他県との流出入分などを考慮すると、「東京から東京圏外の仕事を探している人」は約

第 11 章　ICT とデータ活用が地方を変える 地域の活性化と雇用創出へ

25万9千人、「東京圏外から東京の仕事を探している人」は約4万7千人とそれぞれ推計されます。つまり、25万9千人－4万7千人＝21万2千人の「東京圏から地方への移住を希望している求職者」がいることが「雇用ビッグデータ」による分析で判明したのです。「東京から地方への移住を考えて仕事探しをする人はいる」のです（図表11-3）。

—— それは、一般に抱いているイメージとは違いますね。

梅屋　そうです。次に仮説2「地方には仕事がないので、戻りたくても戻れない人が多数いるのでは」を検証してみましょう。

　厚生労働省の発表する有効求人倍率を見ると最も高いのは東京となっており、地方は総じて東京よりも低くなっています。

　ここで注意すべきなのは、有効求人倍率の算出方法です。既に大半の求職活動はハローワークを経由しておらず、指標として一定の価値はあるものの、必ずしも雇用の現場の実態を表しているとはいいにくい面も現れてきているのです。

　そこで、雇用ビッグデータである先ほどの120万件の求人票と660万件の応募データを使って、地域間の比較分析を行ってみましょう。

　求人票と応募データは、各都道府県単位で集計することができます。各都道府県の求人件数を応募件数で割り、応募当たりの求人件数を求めます。応募当たりの求人件数が低い方がより人の採用を行いやすく、高い方がより人の採用が困難であることを意味しているわけです。ある意味で採用データに見る現場ベースでの実質的な求人倍率ともいえるわけです。

　図表11-4a、図表11-4b は、各都道府県の有効求人倍率と雇用ビッグデータによる実質求人倍率である応募当たりの求人件数の比較です。

　応募当たりの求人件数が最も少ないのは東京都となりました。このことは東京都が最も人の採用を行いやすいことを意味します。一方、東京圏、関西圏などを除く地方は相対的に数値が高いことから、これらの地域では人の採用が相対的に困難となっていることが分かるわけです。

　各都道府県の人口当たりの求人件数で見ても地域による差があまり見受けられず、他方で、人口当たりの応募件数は地方の方が少ないことも

202

野村総合研究所　梅屋真一郎氏インタビュー

● 図表 11-4a　各都道府県の有効求人倍率

● 図表 11-4b　各都道府県の雇用ビッグデータによる実質求人倍率である応募当たりの求人件数

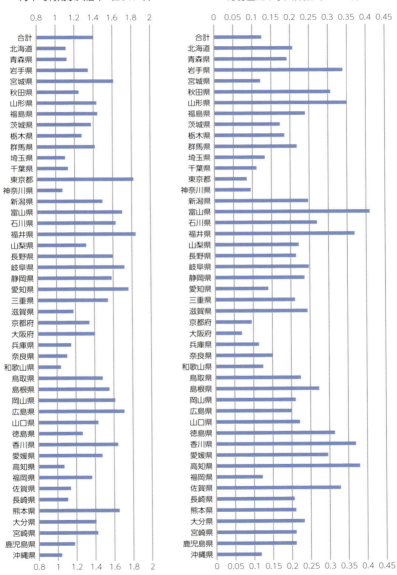

【出所】厚生労働省一般職業紹介状況

【出所】HRソリューションズ社データより梅屋氏作成

第 11 章　ICT とデータ活用が地方を変える 地域の活性化と雇用創出へ

分かっています。つまり「地方では求人当たりの応募者が少ないことにより人の採用が困難となっている」のです。

　このように、雇用ビッグデータを活用することで、地方の可能性に関して把握することができます。これらのデータは ICT 技術の進歩と普及によって初めて可能となったわけです。

　また ICT の技術は単に分析を行うデータを提供するだけではなく、どういう手を打てばよいのかを検討することも可能にします。ここでは、主に雇用に関するデータを中心に紹介していますが、他のいろいろな領域でも同様の取り組みが可能になります。例えば、携帯電話の位置情報を核とした移動データを活用した顧客の行動分析なども可能なのです。

　地方の課題は長い間、解決が難しかったのですが、ICT 技術の進化によってそれらの課題の正確な把握と解決への動きが可能となるのです。

ICT/IoT 技術の進歩と地方の課題解決

── 地方と東京の課題を解決するために、ICT/IoT をどう活用すればよいのでしょうか。

梅屋　大都市でも地方でもそれぞれに課題を抱えており、共通のもの、大都市ないしは地方特有のものなど多岐に渡ります。

　これらの課題解決を行う際に、大都市と地方での大きな差は何といっても情報量の圧倒的な差です。地方から大都市特に東京への流入が止まらない大きな理由の一つとして、この情報量の差がよく指摘されます。

　ビジネスに関してもまた行政サービスに関しても、圧倒的に東京への集中が行われており、それに伴い集積される情報の量にも圧倒的な差が生じてしまうのは、ある意味仕方がないといえます。そして、ICT の進歩の中で、さらに大都市部や東京に情報が集中することが加速しました。また、情報を収集するための仕組み、例えば調査やアンケート等に関しても、どうしても大都市や東京に偏ってしまうきらいがあったわけです。

　ところが、ICT 技術がより高度に進歩し、また IoT などが登場することで、より細かいミクロデータを大量かつ容易に収集できるように

● 図表 11-5　ICT技術の進歩によるデータ収集における地方間格差の解消

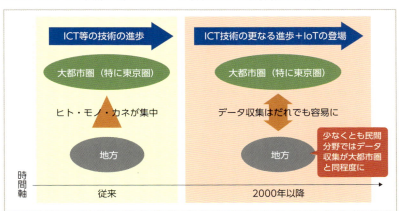

なったことで、大都市や東京に偏って来たデータ収集が民間の分野においては地方でも比較的容易に行えるようになってきました（図表11-5）。

　例えば、消費者の購買データに関しては全国に幅広く展開しているコンビニエンスストアや外食などのナショナルチェーンのPOSデータを活用することで、全国規模での購買行動の比較分析が行えるようになっています。同様に携帯電話の位置情報も都市部に偏らず全国規模での比較分析が可能です。民間事業者は自社の戦略策定のためにこれらのデータを蓄積分析しています。小売事業者のPOSデータや携帯電話の位置情報等はプライバシーに配慮した匿名化の上で各種分析用に提供されるようになりました。それにより、消費動向の迅速な把握などが実際に行われるようになっています。

　これらの貴重なデータを地方の課題解決に活用できれば大きな可能性があると考えています。

　先の雇用データは、人手不足の中で各事業者が自社の課題解決のためにそれぞれが採用活動を行った結果です。個々の事業者のデータだけでは価値を生まないデータでも、横断的に収集することで各地域での雇用に関するデータを細かくかつ迅速に収集することが可能となっています。これらのデータの中には、従来行政が収集を行ってきたデータとは異なった価値を持つものも現れています。

もちろん、これらの民間データだけでは社会全体の動きの一部しか把握できないのも事実です。しかし、これらの民間データには行政が集めているデータよりもより細かくかつリアルタイムに把握できるものもあります。その特性を利用して従来の分析を補完することで、より正確な実態把握と対策検討を行うことができるようになります。特に、情報量が少ない地方においては、これら民間データの活用はより意味を持つのではないでしょうか。

具体的な取り組みと地域の課題解決への提言

── ICTを活用することで地域の実態を把握するとともに、地域の抱える課題も解決できるような事例がありますか。

梅屋 愛媛県の事例を紹介しましょう。地方の人手不足は大きな課題となっており、「まち・ひと・しごと創生総合戦略」でも雇用拡大が大きなテーマとなっています。各自治体においても人手不足とUIJターン促進を目指して、従来からさまざまな取り組みを行っています。しか

●図表11-6　雇用マッチングサイト「あのこの愛媛」の取り組み

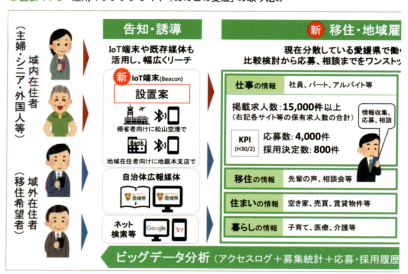

し、多くの自治体が必ずしも大きな成果を得ているとは言いがたいのも事実です。

愛媛県も長期にわたり転出超過（「社会減」）が続いており、有効求人倍率も2019年7月で1.6と全国平均1.59をも上回る深刻な人材不足が続いています。そこで、愛媛県は伊予銀行グループ、HRソリューションズ、野村総合研究所と共に地域の雇用創出を推進するコンソーシアムを結成し、「移住・雇用促進プラットフォーム」の取り組みを立ち上げて、2017年10月から2018年2月の約4か月間、総務省のIoTサービス創出支援事業として雇用マッチングサイト「あのこの愛媛」などの実証実験を行いました（図表11-6）。

この取り組みには、幾つかの特色があります。
① 「愛媛県の働く場」の掘り起こしによる県外就業希望者の呼び込み
　県内の各種求人サイトと連携すると共に、地域に根差した金融機関である伊予銀行グループ等地域の経済界や各自治体の協力を得ることで、サイトの運営開始時点から1万件以上の県内事業者の求人を取り

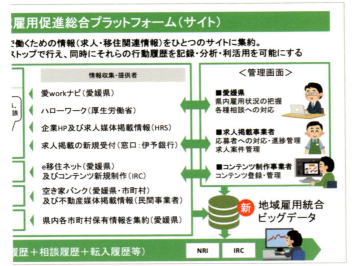

【出所】総務省　身近なIoTプロジェクト（Webページより転載）
（http://www.soumu.go.jp/midika-iot/project/491/）

● 図表 11-7　マッチング数比較

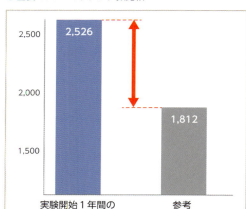

【出所】あのこの愛媛データより梅屋氏作成

扱うことができました。これにより、「愛媛県の仕事を探したければ、『あのこの愛媛』を見ればよい」と広く浸透し、県外特に東京や大阪の若い女性からの仕事の検索が多くなる結果となりました。
② データ分析とその活用
　「あのこの愛媛」サイトの利用者に関しては、ビッグデータ分析の技術を活用し、匿名化した上で大まかな位置や性別、年齢層、サイトの利用状況などを把握することができます。たとえば「30代女性が3つの求人を見て、処遇などを比較検討した結果、求人情報に掲載されていた社長からの熱いメッセージを見て1社に決めた」といったことが把握・分析できるのです。利用者の傾向を把握すると共に、それを踏まえた求人情報の掘り起こしが可能となっているわけです。
　これらの特色のある愛媛県の取り組みは、実証実験終了後もコンソーシアムが継続してサービスを提供しており、実際の採用に結びついた求人求職マッチングを実現しています。
　図表11-7からも分かるように、「あのこの愛媛」サイトが立ち上がることで、従来の採用活動に比べて年間700人以上も多くの雇用を生むことにつながっています。その中には東京圏からの移住に結びついたものもあります。

● 図表 11-8 「あのこの愛媛」で使用したビーコン端末

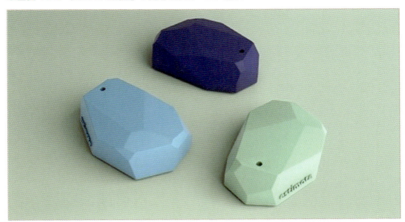

　また「あのこの愛媛」においては、IoTの活用として、ビーコン[*1]による求人情報の配信を行いました。これは、IoTデバイスであるビーコン端末（図表11-8）を、愛媛県内の駅やスーパー、さらにはコンビニATM等に合わせて401台を設置し、地域情報アプリをインストールしているスマートフォンに配信を行いました。
　このビーコン経由での求人情報は、月に数千～数万件もの配信が行われ、実際にその配信に基づき応募・採用に至るケースも生まれる等非常に効果的であることが判明しました。
　このように、愛媛県においてはICTとIoTを活用した「あのこの愛媛」を実現することで、地方にとっての大きな課題である雇用の拡大に向けた取り組みで大きな成果を得ることができました。
　雇用を生み出すことは、経済への活性化にもつながる。仮に愛媛県と同様の取り組みを東京圏以外の各道府県で行った場合、日本全体で約4万5千人の雇用創出につながり、実施後5年時点では地域GDP3600億円増、地方税収167億円増等の効果を生むと推計されます（図表11-9）。

---

*1　近距離無線技術を用いて位置情報と連動した各種情報を発信する端末、またはその方式。

第11章　ICTとデータ活用が地方を変える 地域の活性化と雇用創出へ

● 図表 11-9　マッチングによる5年間の地域経済効果試算

	年間創出雇用数（人）	雇用所得増（億円）		県内 GDP 効果（億円）		県税収効果（億円）	
		1年目	5年目	5年目	5年累計	5年目	5年累計
北海道	2,734	54	271	244	731	10	30
青森県	670	13	66	48	143	2	7
岩手県	647	13	64	55	165	3	7
宮城県	1,184	23	117	90	269	4	13
秋田県	520	10	52	38	115	2	5
山形県	567	11	56	44	132	2	6
福島県	983	19	97	74	221	4	11
茨城県	1,511	30	150	98	295	6	16
栃木県	1,017	20	101	82	245	4	11
群馬県	1,019	20	101	81	242	4	11
新潟県	1,168	23	116	91	273	4	12
富山県	548	11	54	44	132	2	5
石川県	589	12	58	47	141	2	6
福井県	405	8	40	32	96	2	4
山梨県	430	9	43	24	71	1	4
長野県	1,083	21	107	89	267	4	11
岐阜県	1,052	21	104	88	265	4	11
静岡県	1,917	38	190	136	409	7	20
愛知県	3,867	77	383	333	998	14	41
三重県	939	19	93	66	198	4	10
滋賀県	727	14	72	51	153	3	8
京都府	1,313	26	130	104	313	5	13
大阪府	4,535	90	450	384	1,153	16	45
兵庫県	2,862	57	284	189	568	10	28
奈良県	702	14	70	56	167	3	7
和歌山県	499	10	50	36	107	2	5
鳥取県	292	6	29	20	59	1	3
島根県	354	7	35	26	79	1	4
岡山県	983	20	98	76	227	4	10
広島県	1,459	29	145	130	389	5	15
山口県	715	14	71	62	185	3	8
徳島県	388	8	38	26	78	1	4
香川県	509	10	50	42	127	2	5
愛媛県	714	14	69	52	155	2	7
高知県	371	7	37	31	93	1	4
福岡県	2,627	52	261	220	659	10	28
佐賀県	427	8	42	36	107	2	5
長崎県	706	14	70	65	194	3	8
熊本県	916	18	91	78	233	4	10
大分県	599	12	59	46	138	2	6
宮崎県	569	11	56	29	88	2	5
鹿児島県	848	17	84	70	209	3	9
沖縄県	754	15	75	62	185	3	8
全国（除く東京圏）	45,551	903	4,515	3600.039	10800.12	167	479

【出所】愛媛県実績から梅屋氏試算

野村総合研究所　梅屋真一郎氏インタビュー

—— 地域活性化に向けて ICT の活用を進めるにあたっては、どういう
　　点が大事とお考えですか。

梅屋　ご紹介した事例は、「採用／応募データの活用による雇用創出」
という限られた分野のものです。しかし、他の領域においても、民間の
持つデータを活用することで地方の抱える課題を正確に把握し、有効な
手立てを行うことは大いに可能なのです。その際に留意すべきなのは、
行政と民間の連携です。愛媛県の事例においても、民間のデータや取り
組みだけではここまでの成果を上げることは不可能であり、県を中心と
した自治体との連携が不可欠でした。自治体と民間の連携こそが ICT
や IoT を活用した地方の課題解決には必要です。お互いの情報や技術
等を持ち寄ることで初めて課題解決が行えると思います。

第 12 章

デジタルで拓く地方創生
人手不足を契機に
新たな戦略を策定しよう

早稲田大学教授　稲田 修一 氏
インタビュー

第 12 章　デジタルで拓く地方創生　人手不足を契機に新たな戦略を策定しよう

> インタビュー

デジタルで拓く地方創生 人手不足を契機に 新たな戦略を策定しよう

早稲田大学教授　稲田 修一 氏

　「企業・社会をどう革新するのか」「地域活性化のために ICT をどう活用するのか」について研究を進めている稲田修一早稲田大学教授は、地域における ICT 活用、データ活用の取り組みがここに来て加速していると述べている。そして、人手不足対策を契機に地域・産業におけるデジタル化をさらに推進する必要があり、その成功のために顧客視点に立った価値創出の取り組みが重要だと強調する。

稲田 修一（いなだ しゅういち）氏
早稲田大学
リサーチイノベーションセンター
研究戦略部門 教授

ビッグデータや M2M/IoT を活用したビジネス革新や価値創出について研究。京都大学情報環境機構 IT アドバイザー、科学技術振興機構「さきがけ」領域アドバイザー、スマート IoT 推進フォーラム IoT 価値創造推進チーム リーダー、相模原市 IoT 推進ラボ 定期メンター、国土交通省 技術検定委員などとしても活動。現在、スマート IoT 推進フォーラムにおいて「ここに注目！ IoT 先進企業訪問記」を連載中。

早稲田大学教授　稲田 修一氏

 ## 着実に進み始めた地域における取り組み

── 地方創生をテーマに、さまざまな地域活性化の取り組みが行われています。地域におけるICT活用はひと頃よりは進んでいると思いますが、現状はどうでしょうか。

稲田　全国的に多様な事例が数多く出ていると思います。省庁や自治体のホームページ、あるいは通信事業者やベンダーの事例集などを見ると、それがよく分かります。図表12-1の総務省の「ICT地域活性化事例100選」の分布を見ていただくと、日本全国で、さまざまな事業テーマで、ICT活用の取り組みが行われています。このトレンドが、現在、着実に拡がっている状況です。

　また、このような事例を見て「うちもやれそうだ」と気付く方が増えています。口コミや政府の助成金なども、このICT活用の流れを後押ししていると感じます。

● 図表12-1　総務省「ICT地域活性化事例100選」の分布

【地域別】

地域	件数
北海道	8
東北	10
関東	9
信越	5
北陸	5
東海	5
近畿	13
中国	8
四国	8
九州	20
沖縄	3
全国	9

【人口別】

人口	件数
50万人超	31
50万人以下	12
15万人以下	19
5万人以下	34

【事業テーマ別】

事業テーマ	件数
教育	10
医療・介護・健康	10
防災	10
農林水産業	14
観光	3
官民協働サービス	13
IoT基盤	7
働き方	7
地域ビジネス	7
スマートシティ	6

※複数地域にまたがる事例があるので、事例の合計数は一致しない

【出所】総務省「ICT地域活性化ポータル」のICT地域活性化事例100選（2019年9月1日時点）の分類にもとづき、稲田氏が事例数をカウント

第 12 章　デジタルで拓く地方創生 人手不足を契機に新たな戦略を策定しよう

—— 確かに ICT が実際に地域の取り組みとして活用されている事例を、私たちも目にする機会が増えてきました。ICT 活用の流れが変わり、加速している理由は何でしょうか。

稲田　近頃よく取りあげられる人手不足という大きな問題が、ICT 活用を加速しているのは確かですね。例えば工場の検査工程ですが、検査する人を確保できないので、「AI の眼」の活用が拡がっています。農業でも灌水（水やりのこと）や施肥、収穫などさまざまな局面で ICT 活用が拡がっています。ICT 活用によって自動化が進むと、労働力を増やさずに人手不足で使われていなかったハウスや圃場を耕作することが可能になります。栽培面積の増加は、農家収入のアップにもつながっています。

　さらに、人手不足を契機とした効率化にとどまらない ICT 活用の事例も出てきています。例えば、トマトのハウス栽培において、温度や湿度、CO_2 濃度のデータを収集し、その最適化で収量アップや品質向上に挑戦している地域があります。地域全体で品質が向上するとブランド価値が高くなり、地域の活性化につながります。まだ、パイロットプロジェクトの段階ですが、このように新しい価値を創出しようという考え方を持つ人が増えると、地域全体の底上げが実現するのでしょうね。

　このような成功事例を見ていると、ものづくりの変革や地域の活性化のために ICT やデータを上手に活用する方が増えています。「効率化」ツールとしての ICT 活用やデータ活用ではなく、産業なり地域を「変える」ツール、新しい価値を「創出する」ツールとして ICT やデータ活用を考えることがカギとなります。

　北海道の例ですが、帯広の近くの芽室町では、JA めむろを中心に小麦の収穫時期の最適化と品質向上に地域ぐるみで取り組んでいます。小麦はきちんと実が成熟してから、そして、それが劣化する前に刈り取ることが必要です。このため、収穫適期は 1 週間ぐらいしかありません。短期間で良質の小麦を収穫するには、各圃場ごとの収穫適期を見極め、いかにその時期を逃さないよう効率的に収穫するかが課題となります。

　そこで芽室町では、衛星からの画像写真の分析などで圃場ごとの小麦の成熟時期を把握し、JA めむろ保有のコンバインをフル活用して最適

な順番での収穫に取り組んでいます。また、コンバインが収穫作業に専念できるよう、給油が必要なタイミングで給油車がコンバインのところに出向くなど、ICT 活用で給油システムを改善しています。これらの工夫で、短期間での収穫作業と地域全体の小麦の品質向上を実現しています。

　北陸では、製造業の ICT 活用が進展しています。この地域はきずなが強く、ICT 活用に成功した企業が、教えを乞う他企業にそのノウハウを伝授するケースが多いそうです。もちろん作るものによって細かなノウハウは異なりますが、活用の基本となる考え方は共通です。それは、工程全体を精査することで問題点をあぶりだし、現場目線でその改善のために必要な ICT やデータを活用するというものです。このような動きを自治体もサポートしています。製造業の強みの源泉は、意外なところに転がっていると実感しました。

—— 地域のキーマン、あるいは地域で志のある方は必ずいらっしゃいますね。そういう方が孤立しないで、活躍できる環境があるというのは大きいですね。

稲田　まさにそのとおりだと思います。志のある方は、あちらこちらにおられます。面白いのは彼らの出身です。ICT 企業出身とか、金融関係出身とか、他社からの転身組だとか、いろいろなケースがあります。ICT 関係から漁業分野に参入され、漁業関係者と密接に協力して新しいサービスを開発しているとか、半導体出身で農業の自動化にチャレンジしているとか、途中入社組だけど何故か会社のコアな IoT 化を任され、その実現に奮闘しているとか、そういう例が多いのです。ICT の知識だけでなく、飛び込んだ業界の知識も貪欲に吸収して活躍されているのです。これを可能としているのは、マネジメントが変革の必要性を認識し、変革する能力がある人材を選び、彼らに変革の推進を委ねているからです。

　「イノベーション」という言葉がありますが、その本質は異なる分野の知見や異なる能力を組み合わせることです。自然体でイノベーション

第 12 章　デジタルで拓く地方創生 人手不足を契機に新たな戦略を策定しよう

に挑戦する方がおられること、それをマネジメントが強力にサポートすること、そして変革に共感する人々が増えること。このような流れがあちらこちらで起きると、それが地域や企業の活性化につながるのだと思います。

技術起点から顧客課題の解決へ

—— 異なる分野の知見や能力の組み合わせが、変革には非常に有効だということですね。では、ICT 活用で成果を出すポイントは何でしょうか。

稲田　ICT 活用による価値創出には「省人化／自動化」「最適化」「モノ作りのサービス化」など、いくつかのパターンがあります。また、価値創出手順についても、世界では広く使われている手法があります。そのようなパターンや手法を十分に理解することがポイントです。そして、価値を創出したい分野の課題や新たな価値を見抜き、その解決や実現のためのアイデアを生み出し、アイデアの実現に向けて果敢に挑戦する力と情熱を持つ人をマネジメントする側が登用すること、これが価値創出の成功に向けたカギとなります。

　このときに注意が必要なのは、技術や製品／サービスを起点に考えるのではなく、顧客の課題や価値を起点に考えることです。発想の転換が求められるのは、イノベーションのパターンが変化しているからです。今までは「提供者サイド」主体で、「優れた技術」を起点としたイノベーションが多かったのですが、現在は、これが「顧客サイド」主体に変化し、かつ、「技術の組合せ」「デザイン」「ユーザー体験」「使い勝手」「アクセシビリティ」など、さまざまな要件がイノベーションにかかわるようになっています。優れた技術はもちろん今でも重要ですが、顧客の課題解決や価値創出を考えることがイノベーションにつながるケースが増えているのです。（図表 12-2 参照）

　このことを頭で分かっている人は多いと思います。でも、技術主導の発想から抜け切れない人がまだ大勢います。ブレーンストーミングでも、うちの商品を沢山売るためにはどうしたらいいのか、みたいな観点

218

で考える方が多くいます。これは、二世代前の昭和の発想だということを自覚すべきです。

　技術主導で成功した典型例は、G3ファクシミリです。ファクシミリの高度化で重要だったのは、より優れた画像符号化技術の開発です。これを日本主導で開発し、標準化に成功したので、日本はG3ファクシミリで世界市場を席捲しました。でも、現在、ファクシミリは絶滅危惧種と言われているのをご存知ですか。私も最近、アメリカ人の友人に「名刺にFAXの番号を載せているのは日本人くらいだ」とからかわれて、初めて気が付きました。

●図表12-2　イノベーションパターンの変化

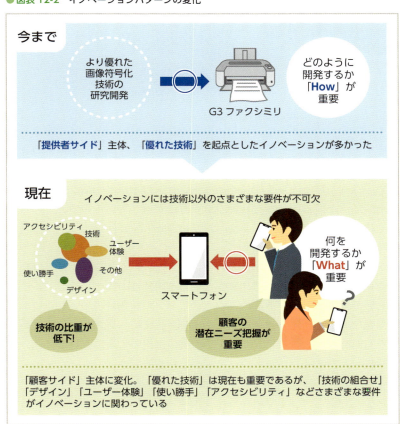

第12章　デジタルで拓く地方創生 人手不足を契機に新たな戦略を策定しよう

　今の時代のイノベーションの主流はこのタイプではありません。スマートフォンに代表されるように、斬新なデザインや使い勝手のよさ、好きなアプリケーションの実装によるカスタマイズなど、「これが欲しかった」と感じる顧客の潜在ニーズを実現することが重要になっているのです。今こそ発想を切り替え、「顧客をどう満足させるか」「顧客の課題は何か」「顧客が気付いていない潜在価値は何か」についてアイデアを出してほしいと思います。

―― これからはますます「顧客サイド」主体の発想が重要になりますね。顧客からみた価値を創出するには、どうすればよいのでしょうか。

稲田　顧客の立場に立って課題や価値を発見し、課題解決や価値創出を行うことが求められます。このやり方として一般的なのは、「デザイン思考」と呼ばれる手法です。わが国では「デザイン」という言葉は、ビジネスマンには関係ないと考える方が多いので、「顧客志向」などと言葉を置き換えた上でこの手法を導入している企業もあります。

　ここでいうデザインは、新しい事業や製品／サービス、ビジネスのやり方を「創ること」を指します。デザインというとアーティストの世界の言葉というイメージがありますが、そうではなく「設計＝創り出す」という意味で使っています。イノベーションの手法として、デザイナーがデザインをする際に使う行動や思考方法が適しているので、その方法論を取り入れ、世界では広く使われているのです。

　デザイン思考はKJ法と似ています。KJ法は文化人類学者の川喜田二郎氏が考案した発想法で、雑多な情報を関連性の高い単位でグループ化し、分類・統合などを進める中でアイデアや問題解決の糸口を見つける手法です。デザイン思考は、このKJ法とブレーンストーミングの手法を組み合わせ、それにデザイナーの価値創出の方法論を組み込み、より洗練された手法にブラッシュアップしたものです。

　図表12-3に示す「イノベーションパターンの変化に伴う価値創出法」

早稲田大学教授　稲田 修一氏

● **図表 12-3　イノベーションパターンの変化に伴う価値創出法**

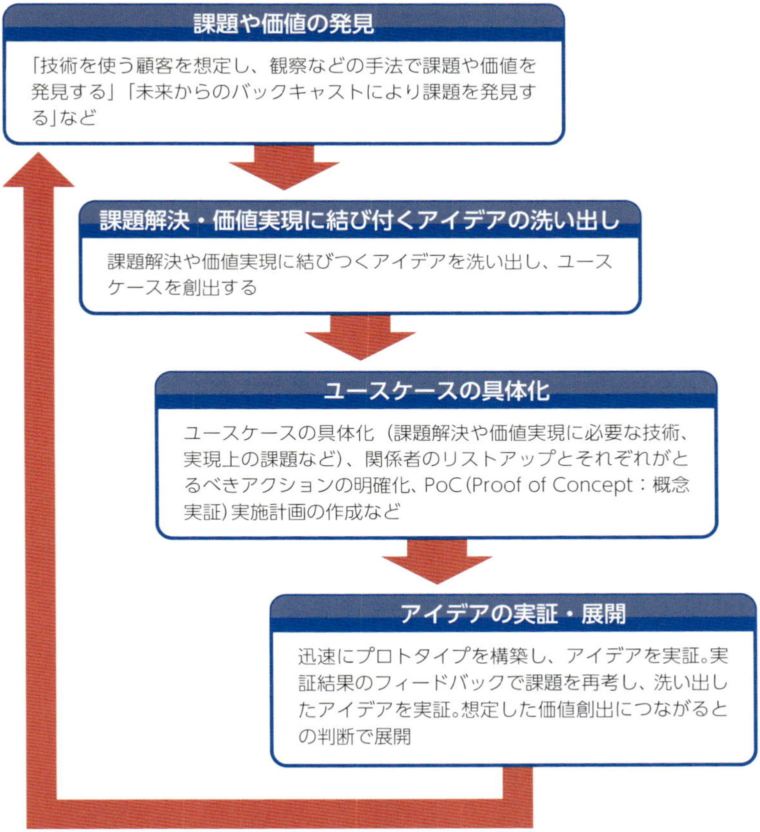

課題や価値の発見

「技術を使う顧客を想定し、観察などの手法で課題や価値を発見する」「未来からのバックキャストにより課題を発見する」など

課題解決・価値実現に結び付くアイデアの洗い出し

課題解決や価値実現に結びつくアイデアを洗い出し、ユースケースを創出する

ユースケースの具体化

ユースケースの具体化（課題解決や価値実現に必要な技術、実現上の課題など）、関係者のリストアップとそれぞれがとるべきアクションの明確化、PoC（Proof of Concept：概念実証）実施計画の作成など

アイデアの実証・展開

迅速にプロトタイプを構築し、アイデアを実証。実証結果のフィードバックで課題を再考し、洗い出したアイデアを実証。想定した価値創出につながるとの判断で展開

何を開発するかを考える「What」が重要な領域では、技術を使う顧客の課題や価値を起点に課題解決や価値実現に向けたアイデアを洗い出し、PoC を活用しアイデアの実現可能性を検証する手法が用いられるケースが多い。

は、IoT という言葉への注目度が高まった 2015 年から 2016 年頃、「とにかく IoT を導入したい」という顧客への対応法として作成したものがベースになっています。彼らはツールである IoT を入れることが目的で、それで何を変えるのかという問題意識は希薄でした。したがって、IoT 導入でどのような価値を創出できるかについて考える必要があり、

第12章　デジタルで拓く地方創生 人手不足を契機に新たな戦略を策定しよう

このような手順を考えたのです。あとで考えてみると、これはデザイン思考の手順に沿ったものでした。

　顧客の事業所や製品、サービスを使っている現場に行って観察し、その上で顧客と議論し、課題や潜在価値を発見することから始めました。そして、課題解決や価値創出につながるアイデアを生み出し、ユースケースを創出しました。ユースケースを創出する際には、それが他にも展開できるかどうかについても考え、ビジネスとしての発展性も見極めました。その上で、ユースケースの実現可能性を検証するために「PoC：Proof of Concept：概念実証」を行いました。単にアイデアを検証するための手段としてPoCを実施し、ビジネスに結び付かないケースが多々あるようですが、デザイン思考の一環としてこれを実施するとビジネスに結び付く可能性が高まります。

新しい価値創出こそがポイント

—— デザイン思考を踏まえた観点で、課題解決や新しい価値の創出に向けたよい事例をあげていただけますか。

稲田　本書では、興味深い取り組み事例を集めておられますが、顧客価値の創出という点でも大いに参考になる事例があります。例えば、寒梅酒造の事例です。この事例では、ペルソナを定義し「おいしく、柔らかく、華やかな香りのある宮寒梅という日本酒を女性にも届けること」という明確な営業戦略を立てておられます。ペルソナは、商品開発のときに設定する架空の人格です。名前、年齢、性別、性格、好みなど細部に至る人物像を想定し、その人格に感情移入することで、ユーザビリティに優れた製品やサービスの開発に結び付けることができると言われています。

　寒梅酒造がペルソナに設定したのは、親しみやすい豊かな香りを感じ、口に含むと少し甘みを感じるけれどスルスル飲めてしまう新しいタイプの日本酒が好きな女性たちです。彼女らは発信力が高い人々でもあります。彼女らにもターゲットを広げてロゴやウェブサイトを作成し、並行してIoTを導入しデータを活用して営業戦略に適合する日本酒を

醸造したのです。

　結果は成功でした。宮寒梅の年間売上げは、約150石から約600石（1石：約180リットル）へと4倍に増加し、2019年2月からはシンガポール航空のファーストクラス、ビジネスクラスで提供されています。寒梅酒造の岩﨑代表がデザイン思考をご存知だったのかどうかは分かりませんが、結果として「デザイン思考」に沿った手順で価値創出に成功しています。

　もう一つは増穂登り窯の事例です。登り窯での焼成作業は、もともと外の人に見せるものではなかったと思います。それを外の人に見せて伝統文化のPRをしよう、素晴らしさを伝えようという試みを思いつき、実行された点が素晴らしい。今までにない体験をすることが好きな人々は、結構おられます。「登り窯で自分の陶磁器が焼かれているときに、それを見ることはワクワクする体験かもしれない」と気付かれたのはすごいと思います。

　それに加え、勘や経験をデータに落とし込み、伝統技法を見える化すること、これも現在トレンドとなっている考え方です。登り窯焼成のノウハウがデータで残るので、新しくこの分野に参入する方が、最初から大きな失敗をせずに陶磁器を焼成することができるようになるでしょう。伝統技法の承継が容易化するのです。しかも、伝統技法のさまざまなデータを地域で蓄積・共有することで、地域全体で陶磁器の品質が向上し伝統文化のブランド価値を高めることができるのです。

　増穂登り窯の事例では、まだ明確なデータ活用戦略は発表されてはいませんが、陶磁器は発色メカニズムを自在に制御できるものではなく、偶然性に支配される要素が比較的強い世界です。これをデータ活用で形式知化することができるのであれば、個々の顧客の希望によりマッチした陶磁器をデザインし、創り出すことができるでしょう。顧客にとっては、よいなと思う陶磁器を見つけ、それが本当に自分の好みなのかを確かめ納得するまでに時間がかかります。このプロセスをデータの力とマッチングで「見つける」から「創ってもらう」に変えること、これは大

第12章 デジタルで拓く地方創生 人手不足を契機に新たな戦略を策定しよう

きなイノベーションではないかと思います。また、ワクワク体験やストーリーの提示は、納得感の醸成にも効果があり、これも陶磁器ビジネスの革新につながる可能性があると感じます。

「未来からのバックキャスト」による価値創出法

―― 価値創出の手法として、「未来からのバックキャスト」ということを強調されていますね。

稲田 そうなのです。ICT活用では、省人化／自動化、全体最適、新製品／サービスの開発・展開など、社会全般の変革につながる大きな流れがあります。この大きな流れを踏まえて望ましい未来の姿を構想し、未来の視点から現在を見て（これを「バックキャスト」という）新しい価値

●図表 12-4　未来からのバックキャストによる価値創出法

- 人や社会にとって望ましい未来の姿を構想し、そこからバックキャスト思考することによって価値を創出する手法。SDGs（持続可能な開発目標）を起点に思考することも有効
- 現在および未来における課題の分析、今後の社会や技術変化の予測を行うことにより、あるべき未来の姿を構想し、未来の視点から現在を見て（バックキャスト）、未来の姿に至る道筋とその戦略を導き出す

早稲田大学教授　稲田 修一氏

を発見し、そこに至る道筋とその戦略を導き出すのが「未来からのバックキャスト」による価値創出手法です（図表12-4参照）。

　この言葉は聞きなれない方も多いでしょうが、「望ましい未来の姿」と現在の状況を比べて見ることによって、図表12-3の「顧客課題や価値の発見」を実行するものです。ビジネスでこの手法を使う際の注意点は、3年から5年の近未来の姿を検討してビジョンを描き、そこに到達するために今何をすべきかを具体化し、実践することです。

　この手法の利点は、ビジネスの将来の姿など経営計画を立てた経験のあるビジネスマンに馴染みがあることです。デザイン思考という言葉に抵抗を感じる人々にも受け入れやすく、違和感なく取り組むことが可能です。ただし、「望ましい未来の姿がなかなか描けない」「課題の発見や分析が難しい」「結果として想定内のアイデアしか出てこない場合が多々ある」などの懸念点はあります。
　これを解決するには、「外部人材を含む多様な人材で検討すること」「楽しく自由闊達に議論すること」などがカギとなります。

　具体例として、駅前の商店街の再活性化を考えてみましょう。現在は、シャッターが閉まっている商店が結構あります。この商店街の望ましい未来を考えると、例えば子どもを預かってくれる保育施設があると若いお母さん方は嬉しい。郊外で地元の野菜、それもおいしい野菜を栽培しているところがあれば、それを買える店があると嬉しい。こんな商店街にしたいというアイデアはさまざまだと思いますが、望ましい商店街の姿は描けることでしょう。

　次にこれを実現する上での課題を考えてみます。シャッターが閉まっている商店が多い理由はさまざまですが、その一つに貸したい値段と借りたい値段がマッチしていないことがあります。また、そもそも住んでいる人を増やすという課題もあるでしょう。地元以外の顧客に来てもらうには、商店街の特徴をどう創出するかという課題もあります。これらの課題を解決するアイデアを出し、施策化して試してみることが重要です。それを行政が取りあげ、街づくりの計画を立て、データを収集・分

225

析し、施策効果を確認しながら、実行することが成功への近道だと思います。

　もちろん、他の成功事例を見て、分析し、自分の街にあった未来の姿を提示し、施策を立てるケースもあるでしょう。この場合は、地域の問題点と利点を客観的な眼で発見し、地域の人々が共感するストーリーを組み立て、その実現に向けて行動することがポイントとなります。このようなやり方で街づくりに成功する事例も徐々に増えています。このときに使うアイデア出しと戦略策定のツールのことをカッコよく言うと「未来からのバックキャストによる価値創出法」というのだと考えています。

―― 地域の ICT 活用の取り組みについて、具体的なアドバイスをお願いします。

稲田　余裕がある段階で、早めに ICT 投資に踏み切った方がよいでしょう。地域やビジネスを変えるには時間がかかります。この時間がかかる点を許容し、関係者を励まし続けることが、マネジメントの核心部分です。このことをよくご存知で、肝っ玉が据わった経営者がいるところは、困難を乗り切り、新しい価値創出に成功する確率が高くなります。

　データ活用も同じです。データ活用の目的を決めてデータを収集し、それから価値を引き出すまでには、時間がかかります。収集するデータの種類や粒度を見直すことも必要でしょうし、アナログデータの場合は必要な情報を取り出すために雑音除去作業も必要です。何よりもある程度のデータ量がないと、価値創出は困難な場合が多々あります。データさえあれば価値創出が可能だと誤解している人が結構多いのですが、それはデータ活用の本質を知らない方です。実際には試行錯誤の繰り返しで、すぐには成果が出ないことが多いのです。「経営にゆとりがあるときに ICT 活用やデータ活用を始めてください」といつも言っているのですが、それはこのような現実があるからなのです。

早稲田大学教授　稲田 修一氏

　それから多様な人材を集めることも重要です。多様な人材を集めることは簡単ではありませんが、それでもそれを補うだけの価値が十分にあります。バックグラウンドや価値観などが異なる人材を集めるとブレーンストーミングが活性化し、望ましい未来の姿の構想策定、その実現に向けた課題発見や解決に向けて、多様なアイデアが出やすくなります。多様なアイデアの中からアイデアを絞り込み、ユースケースとして具体化するのです。

　繰り返しになりますが、地域や企業を変えるには、イノベーティブな個人の存在、マネジメント当事者の強い意志と明確な目標設定、顧客視点の発想、改革アイデアのたゆまぬ実行がポイントとなります。

データ活用によるビジネス革新

—— IoT、ICT の核心はデータ活用だと強調されていますが、データ活用について、注意するべき点は何でしょうか。

稲田　データ活用にあたっては、目的を決めて、その目的を達成するために人がデータ分析の結果を見ながら考えることが必要です。例えば、ビジネスのやり方を時代に合わせ変えることを考えると、次のような「課題＝データ活用の目的」が思い浮かびます。

- ビジネスや業界の変化の方向を知りたい
- ユーザー像を知りたい
- 新商品に対するユーザーの反応や評判を知りたい
- 商品の不具合を早期に発見したい
- 商品の売れ行きを正確に予測したい
- 生産工程の不具合や手戻りをなくしたい
- 生産工程の省人化／自動化を図りたい
- 現在と同じ生産設備を用い、生産数を増やしたい
- 生産工程や流通工程の在庫を減らしたい
- ヒット商品を作りたい
- 商品の必要性の薄い機能を削りたい　　など

第 12 章　デジタルで拓く地方創生 人手不足を契機に新たな戦略を策定しよう

● 図表 12-5　データ活用によるビジネスや地域革新のサイクル

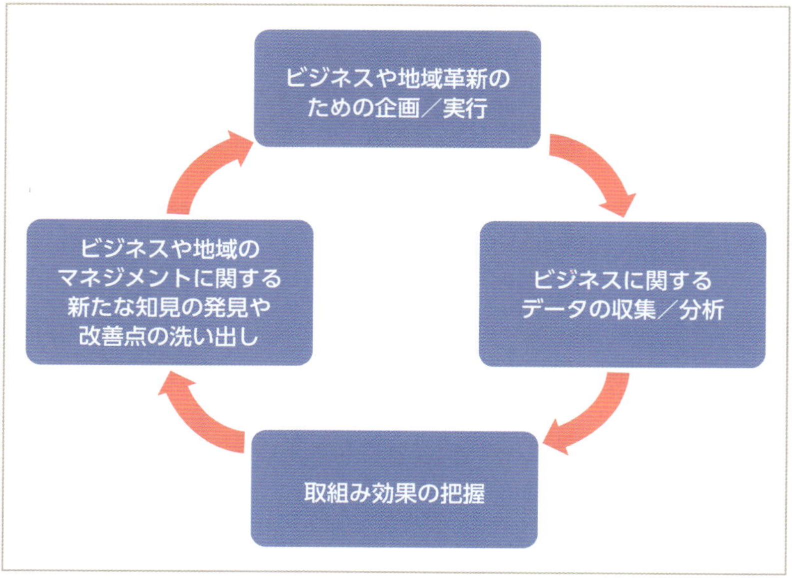

ビジネスや地域革新の
ための企画／実行

ビジネスに関する
データの収集／分析

取組み効果の把握

ビジネスや地域の
マネジメントに関する
新たな知見の発見や
改善点の洗い出し

　これらの課題を解決するために施策を考え、関連するデータを収集・分析し、施策の効果を把握し、その結果を踏まえて施策の見直しや改善を行うという形で人がデータを活用することで変革につなげることができるのです（図表12-5参照）。データは、そのためのツールにすぎないのです。
　私は、データ活用の一番の効用は知能増幅（Intelligence Amplification）だと考えています。データ活用で人の知的活動が強化され、これが迅速で適切な改善や改革につながるからです。
　強化される知的活動は、

- 気付きの誘発
- 事象把握の迅速化・正確化
- 意思決定の迅速化・正確化
- マッチングの最適化
- 全体最適の実現

などさまざまです。データ活用に成功している組織を見ると、地域活性化やビジネス革新のアイデアを発見することが得意なイノベーターの存在に加え、データ活用に理解がある幹部や社員が多いように感じます。データ活用に習熟した人材が増えると、さまざまな場においてより迅速で的確な気付きや理解が可能になります。これをベースとした新たな知見の発見や改善が加速すると同時に、意思決定のスピードアップも可能となり、それが地域の活性化やビジネス革新につながるのです（図表12-6 参照）。

—— データ活用から新たな気づきや発見が生まれ、人もさらに賢くなっていく。データの持つ可能性に大いに期待したいところです。最後に、ICT活用に関して、注意する点はありますか。

稲田 開発コストを下げること、開発速度を上げていくことが必要だと

● 図表 12-6　データ活用の効用は知能増幅

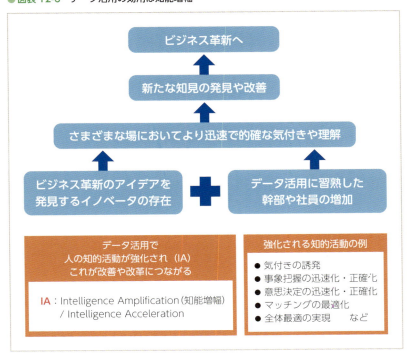

考えています。この実現のためにはオープン、インクルーシブな発想が重要だと考えています。日本の開発スピードが遅い原因の一つは、技術者の質と量が足りないことです。リソース確保のためのコラボはありです。オープンソース・ソフトウェアの開発は、これを上手に実現している例だと思います。

　ただ、何でもオープンにするわけではありません。みずからの競争力がある領域をちゃんと確保した上で、協調領域はオープン化して協力することでスピードをあげるのです。協調については顧客との協調もありますし、同業で違った技術を持っている企業との協調もあると思います。自治体間の協調や自治体と企業や住民との協調も、もちろんありです。また、オープン領域とクローズ領域は二者選択の話ではなく、オープンとクローズの間にさまざまな段階があります。どの領域をオープンし、どの領域をクローズにするのか、オープン領域をどのような形でオープンにするのかがまさに戦略なのです。

　今、働き方改革に加え、人手不足とか生産性向上ということが声高に言われているので、ICT 活用やデータ活用に対する関心が高まっています。この千載一遇の好機を逃さずに、地域やビジネスの変革について考え、実行していく。この際に技術や自社製品 / サービスを主体に考えるのではなく、顧客課題の解決や価値創出を起点に考え、ユースケースを具体化した上でそれを実証し、展開していく。このようなプロセスを進めていくと、自然と人手不足対策に留まらない価値創出に結び付きます。この結果として、気付かないうちに ICT 投資やデータ活用が活発化するのです。

監修・取材協力・編集者等一覧

● **監修：東日本電信電株式会社（NTT 東日本）経営企画部 広報室**

● **取材協力**

第 1 章　NTT 東日本　経営企画部

第 2 章　NTT 東日本　宮城事業部　宮城支店

第 3 章　NTT 東日本　ビジネス開発本部

第 4 章　NTT 東日本　ビジネス開発本部

第 5 章　NTT 東日本　埼玉事業部　長野支店
　　　　　　　　　　ビジネス開発本部

第 6 章　NTT 東日本　千葉事業部

第 7 章　NTT 東日本　東京事業部　東京北支店
　　　　　　　　　　ビジネス開発本部

第 8 章　NTT 東日本　宮城事業部　福島支店
　　　　　　　　　　ビジネスイノベーション本部

第 9 章　NTT 東日本　東京事業部　東京北支店
　　　　　　　　　　ビジネスイノベーション本部

第 10 章　NTT 東日本　ビジネスイノベーション本部

● 編集：テレコミュニケーション編集部

土谷 宜弘（企画・編集）

翅 力（編集）

太田 智晴（編集）

伊藤 真美（執筆）

中村 仁美（執筆）

高橋 正和（制作編集）

野潟 秀之（写真撮影）

藤井 宏治（写真撮影）

制作協力

株式会社トップスタジオ

畑 明恵、大垣 好宏（制作進行）

トップスタジオ デザイン室 阿保 裕美（装丁、紙面デザイン）

岩本 千絵（DTP）

234

本書に関するお問合せについて

● 本書の内容全般に関しては、リックテレコム（お問合せ先は、本書奥付に記載）までお願いいたします。

● 本書記載の ICT 活用事例に関するサービス内容または技術内容に関しては、以下までお願いいたします。

NTT 東日本　ICT コンサルティングセンター

※ 9：00 〜 17：00 年中無休（年末年始を除きます）

URL：https://business.ntt-east.co.jp/

電話：0120-765-000